〔英〕约翰·华特生　著

解清钰　译

谢林先验唯心论的
批判性阐释

Schelling's Transcendental Idealism:
A Critical Exposition

John Watson

商务印书馆
The Commercial Press

John Watson

SCHELLING'S TRANSCENDENTAL IDEALISM
A Critical Exposition

S. C. Griggs and Company, 1882

根据 S. C. 格里格斯出版公司 1882 年版译出

目　　录

第一章　康德的哲学

每个人都熟悉黑格尔的以下说法，即谢林"在公众面前进行他的哲学教育，而且他的每一个新的发展阶段，都以一篇新的论文作为标志"。我们并不否认这一评论的基本真实性，但对普通读者来说，这一评论可能暗示了谢林哲学缺乏连贯性和连续性，而这是谢林不应该受到的指责。谢林哲学的内容与形式都处在不断的变化中，但这是一种不会停滞不前的人才有的变化，因为谢林不断地接受着新的启发，并且迫不及待地想把这些新的思想传达给他人。谢林的哲学思想可以分为三个阶段：第一个阶段，是与费希特早期哲学保持一致的"狂飙突进"时期，他拒绝承认除世界的道德秩序以外的任何最高存在者(Supreme Being)的实在性，因为世界的道德秩序是通过一种道德完美理念而向个人揭示出来的，人只能接近它，并且真正的人的生命就在于为此而不断地奋斗；第二个阶段，人和自然被视作同一种活动的两种并列的显现形式，而这一活动在两者身上得到了同样充分和完美的展现；第三个也是终极阶段，他尝试去证明上帝的人格性，同时又保留了较早阶段确立起来的那种人的自由与道德责任性。仅仅提及这三个阶段就足以表明真相，即谢林哲学的连续进程并没有断裂。在第一个阶段，谢林确实否认他所谓的"客观神"(objective God)的实在性，这个客观神也就是马修·阿诺德(Matthew Arnold)所说的一个"在远处被放大且非自然的人";但谢林或许能够宣称他在无限道德完美的理想中可以一瞥上帝的荣光,并且不管他对"自由"的最终指称的含义是如何盲目不清,他都至少已经很清晰地把握了人类自由的原则。在第二个阶段,在不放弃人之自由和责任的前提下,他发现自然是理性进程的一种表达,在某种意义上也是人类认识和行动进程的一个对立面,并且由此人和自然都是某种东西的非自身的显现样态。在第三个阶段,谢林尝试把已发现的真理要素全部聚拢起来,并把它们熔铸进一个人格神的完满统一性之中。因此,谢林哲学是他所坚持的这样一条法则的一个实例,即人朝着一个他只能以一种模糊且不完满的方式来看到的目标而前进。然而,必须要补充的是,谢林更清晰地看到了这些需要解决的问题,而不是如何解决这些问题。他的哲学在很大程度上是失败的;但是和其他人的微小成功相比,他是那种其失败更具意义之人当中的一员。如果说康德和亚里士多德(更不用说斯宾诺莎和莱布尼茨)激发了黑格尔非凡的哲学洞见,那么谢林和费希特对黑格尔哲学的帮助也是不可忽视的。至少能够承认的是,如果没有谢林和费希特,黑格尔将会发现其任务要困难得多。因此,对谢林哲学的兴趣是两方面的:首先,他是对一个天才的思想发展的记录;其次,它也构成从康德经由费希特到黑格尔的过渡。

　　谢林试图将康德的批判哲学以一种更加简洁的形式呈现出来,《先验唯心论体系》就是其诸多尝试之一。它首先是费希特《知识学》(*Wissenschaftslehre*)的一个直接变体,而后又是黑格尔

《精神现象学》(*Phänomenologie des Geistes*)的先驱；或者进言之，正如谢林是既带着费希特的视角又带着他自己的视角来阅读康德的一样，黑格尔在研究康德时，也从费希特和谢林带给他的训练中获益匪浅。

关于人类的信念、行为和命运的这些伟大问题，在每个时代都对人们的思想具有强大的吸引力。而康德对这些问题给出了独特的启发，这正是哲学天才的光辉所在。我们能知道什么？我们应当做什么？我们能够希望什么？康德不可抗拒地被这些古老的问题所吸引，而尽管他给这些问题的答案在诸多方面是不完善的，那些历经时代变更而逐步形成的信念体系却已然且注定要进一步地被变更。这场革命之所以会必然发生，是因为康德凭借其思辨天资和伦理热情并不满足于那些从过去流传下来的答案。任何一种信念，无论它多么庄严，都必须在康德面前展示自己存在的正当性，否则就要被冷静且坚决地抛弃。除自然之外，是否有任何神，人之行为究竟是纯然机械的还是自由的，此世的生活是否就是如此且止于如此——以上所有的这些问题都必须呈递给理性并接受最严格的检验，并且这些问题必须在不考虑个别人的希望或恐惧的前提下被回答。同时，人们其实并不比康德更少这种纯粹怀疑主义气质——怀疑主义仅仅满足于列举那些证成或反对人们诸信念的论证，而没有去寻求取代这些旧论证的新原则。但康德始终坚持这样的信念，即理性必须能够解决它给自己提出的问题；它使一个人不耐烦地发现他广阔、冷静的视野被理智上的懒惰或虚荣所迷惑，这种懒惰或虚荣认为没有唯一可能的解决办法。对于康德及其唯心

5

主义后继者而言，哲学批判主义意味着对旧时代偶像的拆毁，同时也意味着按照他们对真与美之新形式的理解，确立起新时代的偶像。像所有哲学大师一样，康德的思辨探索被加在他身上的这样一种必要性所推动和引导，即寻求对道德和宗教之基础做出解释的必要性。但他很快就发现，为了得出满意的结论，必须首先确定知识在多大范围内是可能的。人类意志的自由、灵魂的不朽、上帝的实存，这些信念要么被执着地坚持，要么被轻率地拒斥；但对他来说，无论独断论者还是怀疑论者，都没有为存在于他们心中的信念建立任何理性的且不可攻破的基础，而是将其保持为非理性的确信。那么，有任何能够一劳永逸地解决这些问题的理性原则吗？至少对康德来说，如下内容是自明的，即如果我们的信念大厦要被牢固地建立起来，并且使其能够抵挡狂风暴雨，我们就必须在确立任何超感性之物的实在性之前，首先追问究竟是什么构成了没有任何人能严肃怀疑的普遍客体和普遍事实之知识的牢靠性与稳定性。对于日常生活、数学科学和物理科学以及历史学中的真理这些经验事实，没人对其表示过怀疑，然而有人怀疑过超越经验的超感性之物。因此，让我们找出它们实在性的秘密，进而我们或许就能确定，超感官的世界是否以及在多大程度上值得我们相信。那么，什么是经验？我们如何通过经验来获取知识？

　　如下情况已经被普遍地认为是理所当然的，即通过经验认识的任何事物在被经验到之前，都是完全成形且完整地实存着的，并且知识就在于对这个前-实存的客体世界的被动领会。但是进一步推敲就会发现，这种假设是自相矛盾，并且与被动地反映在头脑中的事实不相兼容。事实(fact)是某种与在一个既有瞬间对一个特定客体或事件的直接领会极为不同的东西；它不是某种仅当我们领会它时才存在的东西，相反，它在领会之前和之后依然实存着，因此它不是某种特殊的东西，而是某种普遍的东西。"水腐蚀铁"这个命题断言了两个现象之间不变的、实在的或必然的联结，而不仅仅是它们呈现给诸感官的联结。在每一个事实中都隐含着某种普遍之物，或者说每一个事实都是某种法则的一个例子。因此，尽管我们要承认特殊现象脱离感官便对我们来说什么也不是，因为它恰恰是通过感官而被给予我们的，可我们仍必须坚持这法则不是如此被给的。但是，法则是如何通过我们的心灵被施加给自然的？只需要考虑一下这个假设，即自然并不像我们最初假设的那样，是某种脱离一切与有意识存在者之关联而实存着的东西，而是某种为着人这样的存在者而实存的东西。当然，我们并没有创造自然，我们如它对我们所是的那样建构了它。至于自然在脱离我们时可能是什么样子，我们无从知晓。我们所认识的自然，是通过我们的思维对感官提供的材料进行活动而形成的。并且，既然我们所认识的事实不是孤立或随意的感觉，而是形成一个宇宙秩序，那么我们必须把经验视作通过把感官的诸特殊项隶属于普遍法则之下而产生的，而这普遍法则属于我们作为自我意识的理智本性。

8

　　因此，根据那种让我们的理智生命得以运行的条件，我们就能对形成经验之脉络的普遍判断进行解释。我们的理智具有一定的思维机能或范畴，能够对呈现给它们的任何感觉单元进行把握，并形成众所周知的经验世界。在每一个经验片段中都隐含着思维的作用，它把杂多（Gewühl）印象置于一个单一自我的最高统一性之下，进而将它们整理有序。

对自然构造的研究已经导向一个预料不到的结果，那就是普遍概念或范畴，如统一体、实体、原因等等，可以说它们实际上形成了自然的灵魂，而它们之所以对我们而言是存在的，是因为我们是有自我意识者。因此，如果我们在思维中从这些范畴里抽象出来，自然就会变得不可被思维，或者说会退回纯然印象的混沌之中，而思维的活动本来已经将自然从这种混沌中拯救出来了。下一个更重要的问题是，我们已经发现了感性经验的诸条件，那么现在关于诸超感性实在之实存的问题是否变得对我们更容易一些了呢？这个问题比前一个问题更困难。我们有一个关于时空世界的知识，这是无可置疑的，甚至在哲学展示在其中作为实在存在的知识所隐含的诸要素之前，我们就已经拥有了这种知识。但是，超越于且凌驾于这个世界之上，是否还有一些并不处在时空之中的存在者，乍看之下似乎是有问题的。我们如何能够认识那些假定不存在于时空中，因此无法给予我们任何明确对象来让我们应用那些普遍概念的实在性？如果只有分离的诸感官印象才能按照普遍法则而涌现，那么我们如何能够认识就先决条件而言（ex hypothesi）不在时空中却有实在性的东西呢？例如，我们能说灵魂的真实本质并不是某种能够直接可知的东西，而是从它连续的诸样态（modifications）和诸显现（manifestations）中推论出来的吗？根据知识的条件，我们如何能够确定有这样一个上帝：如果他实存的话，就必须是独

立于时空形式之外的？简而言之，如何能够有任何关于超感性
之物的知识？它就其本性而言在时空之外，且至少就我们目前 *10*
目力所及并不能被认识。假设现实地存在一个超感性世界，关
于它我们能认识什么？它是否可以作为一个量级（magnitude）而
被定义？明显不行，因为"大小量"这一术语对于我们毫无意义，
除非我们在思维中将一个客体视作一个广延之量的现实过程的
实现；换言之，除非我们将其表象为通过单位和单位之间的连
续累加而在时间中生成的。当我们谈及一种颜色、一种声音或
一种味道之时，它们都有一个确定的强度（degree of intensity）。
对于超感性之物，我们能确定同样的东西吗？不可能，因为那
拥有强度的东西，必须被表象为在给定的瞬间内填充了某种介
于零和无限之间的强度的东西。但超感性之物能够至少被定义
为一个实体或一个原因吗？灵魂不是一个实体吗？上帝不是一
个原因吗？毫无疑问，起初它们似乎如此，然而对诸知识条件
的研究已经向我们表明，一个不在时间之中的实体或原因是绝
不可能被认识的。如我们所知道的那样，一个实体必须是某种
随着诸时刻一个接一个地到来而并不消逝的东西，它贯穿时间
而持存（persist）；然而超感性之物是那种如果要被认知的话，就
必须被认识为不在时间之中的东西。同样地，就我们的经验而
言，原因是某种导致随之而来的某种状态变化的条件，它必须 *11*
在时间之中，并且由此，其本身就是一个状态的变化。因此，
一方面，如果超感性之物在时间之中的话，它就会不再是超感
性的；而另一方面，由于它外在于时间，它不能被认识为一个
原因。

　　经过上文的阐述，我们似乎可以得出的是，不管什么东西，只要它不能被"图型化"（schematized）——也就是不能被表象为遵循一种程序，这种程序使一个确定或牢固的东西成为时间内的可能对象，那么它就不能在感官之中得到认识，而我们需通过感官才说我们借助于经验认识了某一事物。那么，我们是否应当立即下结论说，所有可知的实存者在感官世界中都被穷尽了，并且任何超感性的实在的实存都无法被建立？绝不可能；我们只能说，如果那些超感性的实在存在的话，那么它们是不能被"图型化"的，它们也不容许范畴应用于它们之上，而且决不能成为现实感性经验的客体。就考虑到超感性而言，我们对知识诸条件的研究只能得到一个否定的答案。但这个答案决不能被视为毫无价值的；它至少能够让我们看到，如果超感性的世界确实存在的话，那么图型化的诸范畴对于这一世界来说并不适用。例如，我们不能说灵魂（假设它不同于其诸显现的样子）是一种原因，就像我们说感性现象是自然变化的一个原因或条件那样，因为这样做就等于把灵魂表象为一系列感性现象中的一员，从而否认了灵魂的超感性的本性。我们也不能把上帝说成一个实体或一个原因，因为那样的话，上帝就会受制于或依赖于某种别的东西，由此也就不再是上帝了。这并不意味着存在超感性的实在——这一点尚且有待被确定，而仅仅意味着，如果超感性实在真的存在的话，那么它们必定无法被带到概念之下，或者被视作限制在时空之内的对象。由此，我们下一个问题必定是，是否有任何东西可以得出存在着超感性实在的结论，并且如果有的话，它们与我们无可置疑地知道的感性实在

12

之间是什么关系。

当理智运用于感性世界之时，理智仅仅考虑特殊事物之间的关系。例如，如果有某种变化，知性就会引导我们去寻找它在某个先前自然状态之中的原因或条件。但是，除了这种关于诸特定客体或事件彼此之关系的知识，我们发现理性强迫我们 *13* 不仅仅要去寻找某一给定现象的特定条件，而且也要去寻找它的所有条件。

当知性找到特定条件的时候，它就满足了；但理性却并不满足，它要去寻找那作为诸条件之完全总体而自身决不受条件限制的东西。并且由于一个无条件的总体明显不能被塑造成一个感性经验的对象，所以它就仅是一个理念，其用处在于促使知性寻找每一个现象的先在条件，但就情况的本质而言，它却永远不能成为一个经验对象。它为知性提供了一个规则，但就我们所知，它并不为我们的知识增加任何东西；它是调节性的，而不是建构性的。因此我们必须极其小心，不要把一个理性理念等同于一个与它相应的现实"对象"的知识。然而，这种等同却被一些人无意地做出了，即他们坚持，我们以与关于感性事物或现象事物相同的方式，拥有着关于超感性实在的知识。因此，所谓的诸科学——理性心理学（关于灵魂本身的科学）、理性宇宙论（关于世界整体的科学），以及理性神学（关于上帝内在本性的科学）都已经指出，作为一个超感性实在的灵魂不能是一 *14* 个经验对象，因为它并不被表象在时间内、不能被任何范畴所规定，并且它因此不是感性的或现象的。所以，那些一方面断定灵魂是一个超感性实在，另一方面又断定它是一个实体，是单纯的、自身同一的，与时空中的对象之物相对的东西的人，实际上是把灵魂看作既可感又超出感官之物，并由此落入明显的谬误推理之中。如果灵魂是一个实体，那它就仅仅是感性世界的一部分，并由此不是无条件的，而是有条件的：如果它是无条件的，那它就不是一个实体。同样地，世界作为一个完整整体，被理性宇宙学家混同于有条件或受限制的现象，而现象仅在经验中是现实可知的；也就是说，一个纯粹理性的理念与一个假定的经验对象是同一的。因此，理性宇宙学家发现他自己在坚持相互冲突的命题是毫不奇怪的。以经验世界的量化规定为例：一方面，据说世界在时间中有一个绝对开端，并且世界被限制在空间之内；另一方面，据说世界没有开端，并且也不被限制在空间中。如果我们假定世界通过知性而获得的局部规定，等同于世界在理性理念之下实存时的完整规定，那么这两个命题中的每一个都能被同等有力地证明。但是，一旦我们意识到理性理念不能被呈现为一个现实的经验对象，我们就会发现这两个命题都是错误的。我们不能说世界在某个时间点上开始实存或者永恒实存，因为只有通过把它们"图型化"，也就是把它们表象在时间之中——而时间本身只能被表象为一个永不终止的系列——我们才能将其表象为量的对象。我们无法认识世界在时间中是否是完整的，也无法认识世界在时间中是否必然是不完整的；我们拥有的唯一知识是一系列的条件，它从来都不是完整的，但在理性理念的指导下，我们永久地追寻着完整。现在转向事物的动力学关系，我们发现理性宇宙学家再次陷入自相矛盾。因此，据他们声称，一方面，万物通过自然因果法则而被联结起来；另一方面，又必须存在一个不受必然性约束而自由的原因。现实的情况就是，虽然这两个命题如其他命题一样易于论证，但当我们假设二者都被应用于世界时，二者没有一个是真的，而只有在我们假设一个应用于现象世界、一个应用于本体世界时，二者才可能都为真。我们将马上回到这一点的讨论上来。与此同时，我们可以看到康德对理性神学的批判。

16

这种批判将采取什么样的路径，是很容易被预测到的。三种关于最高存在者（它是一切实在性的源泉）之实存的证明，最终能够被还原为一个证明——本体论证明，也就是从一个最高存在者的概念出发，推理出最高存在者的现实实存。这个论证确实包含一个谬误，类似于把一个在感性意识中可知的自我等同于一个所谓超感性自我时所隐含的那个谬误。这个最高存在者的理念能够作为一个理性理想，满足知识上对完善统一的要求，但无论这多么必要，我们都不能把这个理想当作对一个相应的存在者的实在性的证明。实存着这样一个存在者不是不可能的，但他能够被认识却是不可能的，因为那意味着他成为一个偶然经验的对象，并由此它不再是无条件的或超感性的。实际上，康德断然声称，实践理性能够建立一个最高存在者的实在性，以及人类意志的自由和灵魂的不朽性，但这决不能表明这些理性理念中的任何一个，除一种调节性应用之外，能够跻身于现实知识的领域。那么，我们必须继续追问理论理性和实践理性之间是什么关系。

17

关于这个问题，最好通过细心阐述自然因果关联与自由因果关联之关系难题的解决方案来回答，而且我们之前也承诺过要回来讨论这个问题。已经很明显的是，自然因果关联与自由因果关联之间似乎存在的矛盾，只能通过区分感性世界和超感性世界来解决，并且拒绝尝试用与规定前者相同的方式来规定后者。在进一步讨论这个棘手的问题时，康德想要表明自然因果法则或许能够与自由因果的实存达成和解，并且从恰当视角出发，两者彼此并不矛盾。试图削弱自然因果法则的普遍有效性的解决方案一刻也不会得到接受，任何这样的尝试都预先注定走向失败，因为拒斥自然因果关联将从逻辑上导致经验作为一个关联整体的崩塌，包括诸特殊科学的事实和法则。无论状态的每一个改变是什么，都必须有一个原因或条件，没有的话它就不能存在。这一点对人类行动与物体的机械运动都同样成立。如果能追溯人的行动到其源头，那么我们将能够看到它们始终遵循着自然因果法则。没有动机的行动是一种纯然的悖谬。无论在物质领域还是心灵领域，任何对这一法则的违反都将摧毁整个经验。而在人类行为和无意识的或机械序列的因果关联方式之间，存在着明显的区别——无论是物体的变化，还是低等动物的行为方式。前者是纯粹机械的行为，而后者不是。台球当被撞击的时候必定会移动，动物遵循它的直接本能；然而，人类并不僵死地遵循其直接欲望的冲动，而是能够把它们归摄到其理性建立的某种目的之下。由此我们确信我们位于自由法则之下。问题是，这一确信是否能够通过哲学的方式来得到证明。通常的解决方案，即拒绝将自然因果关联法则应用于人类行为——所谓"漠不关心的自由"或者排除或对立于诸动机而行动的自由——并不是真正的解决方案。还有任何其他可能的解决方案吗？

正如我们已经知道的那样，理性建立了一种无条件的因果关系的理念，这种因果关系不仅可以是自然因果链条中的一环，而且也能完全独立于该链条。如果存在这种因果性，并且可以表明它与自然法则的普遍性并不是矛盾的，那么一个对于人类自由问题的积极解决方案就将向我们敞开——只有当我们把理性视作实践性的时候，这种解决方案才能被给予，也就是要建立一个纯粹理性的道德法则世界。目前，我们只能表明自由因果性和自然因果性能够共存，但我们还不能做更多的事情。

当我们问世界在时间中是否有始有终，或者世界是否永恒实存着时，我们忘了一个可能的第三种假设，即感性世界仅仅是如它对我们显现的那样存在着，并且除了关联于我们的感知能力，它并不实存。因此，在解决这一难题时，我们不需要假设任何超感性的或理智的世界，而是仅仅必须注意到这一事实，即自在的世界只是一个由理性建立的理念。一个关于完备条件系列的纯然理念，一个就实际情况的本性而言永远不能被实现的理念。因为就其本性而言，每个无限延展的量的系列都不能被完备地总计起来，但却强迫我们去追寻它的完备总和（summation）。但当我们在因果关系中寻找无条件者的时候，完全有可能去设想（不但如此，甚至是理想强迫我们去假定）可能存在一种不受条件约束但却真实的因果关系。在我们对自由的通常把握中，自由被理解为根据理性所规定的目的而行动，这种不处在自然因果链条中的因果关系的假定是被默认的。因此，尽管我们所知的每一个因果关系都是我们的经验对象，都是需要预设一个在先原因的结果，但这并不意味着不可能存在着另一种因果性，即它不是感性经验的一个对象，它本身也不是一个结果。这样一个原因是超感性的，因此它决不能变成一个现实"经验"对象，因为在那种情况下它就不再是超感性的了；然而它却能够被不容争辩地证明为真实存在的。这种因果性是无条件的，并且它不会进入对我们而言可知的、在时间中的因果系列之中。它能引发一系列将自身呈现于感性世界之中的条件，但它自身可能并未被引发。那么，假设有两种不同的因果性：一种是作为感性世界中状态变化的条件的那种因果性，它本身是有条件的；另一种是作为感性世界中状态系列的最高条件的因果性，但它本身并不是那个系列的一员。这两者如何能够互相不矛盾地存在呢？针对这个问题，就我对康德的理解，他会这样回答：如果单纯从经验对象的视角来看，我的诸行为就属于现象世界，并且就此而言都受到"每一现象事件必须有一个现象原因"这一法则的支配。但是理性，就其是实践性的而言，就带我超出纯然现象世界，并在我面前树立了它宣称对所有理性存在者都具有约束力的目的。因此，在我面前出现了一个与我仅仅将事件看作时间事件的世界不同的世界。现在假设我依据理性所规定的目的而行动，那么我的行动将不再适用于自然因果关联法则了吗？当然不。遵循"对所有人都公正"这一法则的人，并不因此在行动时就违反"每个事件必在现象世界之内有一个条件"这一自然因果关联法则。他和偷邻居财产的非道德人之区别并不在于，一个人的行动处于因果性法则之下，另一个的行动却不；区别在于从道德法则的视角来看，一个人是自由地行动，另一个却不是。自由意味着遵循纯粹义务理念，而不是违反诸动机地行动。当我依照那个理念行动时，我就从一个理性理念出发造成了一个行动系列；但是这些行动，如果单纯被看作在时间中遵循着意愿的行动，那它就是自然因果性法则的一个例子，也就是说，每一事件作为有条件的，都相关于另一个作为它条件的事件。换言之，康德区分自由因果关联和自然因果关联，事实上是在讲这种因果性范畴，就其维持感性现象的作用而言，还不足以表达人类行为起源于对道德法则的尊重这一特征。尽管康德的呈现方式可能会受到质疑，但这并不应该阻碍我们把握他所坚持的本质真理，即从人作为一个道德存在者的角度出发，自由不仅是可能的，而且与自然因果关联法则并不是不兼容的。

在刚刚已经说过的内容中，我们在某种程度上已经预示了康德实践理性批判的结论，现在，让我们深入探讨这一方面。《纯粹理性批判》(*Critique of Pure Reason*)坚持关于超感性实在的知识不能够被获得，因为这种知识总是暗示着一个在时间内规定对象的过程，而超感性之物必然独立于时间限制。现在我们必须看看康德如何从实践理性的本性出发，尝试表明人是自由的并且是不朽性的继承者，以及上帝实存着。他由之出发的核心理念是自由理念，正如我们已经表明的那样，自由至少是可能的。我们有着道德法则的意识，这是一个不容争辩且必须承认的事实；在是什么和应当是什么的对立中，它被给予我们。一方面，如果没有道德法则的概念，我们就不会意识到自由；

23

而另一方面，如果没有自由，就没有道德法则的实现。纯粹义务理念和自由理念必然地蕴含着彼此。这个纯粹理念完全起源于理性是显而易见的，因为事实上它既不能从经验事实的观察中导出，甚至也不能从对我们基于动机的本己行动系列的观察中得出。经验能够告诉我们现实地发生着什么，但它不能在我们面前树立一个理智世界，在其中人们能够以完全不同于他们实际上行动的方式来行动。因此，我们获得了一个概念，即在这个世界中所有人都应当纯粹地依据理性设定的目的来行动。事实上人们并不总是如此行动。自然欲望促使他们遵循偏好（inclination），而不是遵循理性，因此在理性法则和欲望法则之间产生了冲突。由此道德法则把自己呈现为义务——一个依据理性，而不依据欲望来行动的诫命（command）；并且任何对义务法则的背离都摧毁着一个行动的道德性。因此，某人承担义务就是依据理性而行动，依循偏好就将不再是道德的。尽管为了我们的行动是道德的，我们的行动必须在完全独立于一切自然欲望的情况下发生，这却并不是说，自由地行动就是不顾及对法则之尊重而行动。真正的自由在于意愿着（willing）道德法则。当我出于义务理念行动时我是自由的，因此意志自由与意愿着义务理念是同一的。那么"我应当做什么？"这一问题的答案就是："做那使你配享幸福的事。"这完全不同于说："做那带给你幸福的事。"受后一准则范导的行动不是道德的，而是建基于自爱之上；因为追寻幸福就是仅仅出于满足我们自然偏好的欲望而行动，并且所有这样被规定的行动都与自由不兼容。但是，假设行动纯粹由义务理念或对道德法则之尊重来范导，那么幸福是否真的会随之而来？几乎不用说，在这个世界上不会如此。确实，如果所有人在任何时候都依照义务理念而行动，那么我们就能说幸福会是所有人的，因为自由或道德行动自然倾向于产生幸福。但是，只要人有一种双重本性，它一方面促使他追随着欲望，另一方面在他面前树立一条纯粹道德法则，那么一个所有人在一切情况下都符合道德地行动的世界就是一个纯然的理念，它决不能被实现。我们只能希望这样一个理念的实现，如果一个最高理性被认为实存着的话。一个幸福与道德价值精确地成比例的状态，只会在一个被智慧且善的创造者所统治的世界中才是可构想的。理性强迫我们去悬设（postulate）这样一个世界，它被这样的存在者统治着，尽管它不能被感官感受到，也绝不能成为我们经验的一个对象。

因此，如康德所说的那样，我们能看到，无论此世的幸福是否在其轨道上，道德法则都必须被服从，然而欲望与理性、德行与幸福的分离不可避免地导向一个最高存在者和一种未来生活的确定性。既然我们已经建立起一个最高存在者的实存，²⁶ 现在我们就能够确定，对于理性而言，在其思辨方面最多是有问题的。被一个单一最高存在者统治着的自然世界，必须在某种意义上被视作无限理智的一个显现，并由此而适用于我们道德本性的实现。据此，对自然的研究倾向于假定一个目的论体系的形式，在其中，所有事物都适应于一个最高的目的。实际上，我们不能说我们绝对如其所是地理解了上帝的本性，或我们在把自然构想为一个适用于目的的体系时在抽象的意义上是正确的，但我们有资格通过与经验世界的类比来使上帝的本性成为我们可理解的，并实践性地把万物视作正在形成一个由全知、全善和全能的存在者掌控的体系。因此感官世界于我们而言成为对一个更高世界的"感性象征"，这个更高世界对我们是半揭示和半隐蔽的。尽管只能部分地认知，但我们还是能从感官世界的指征（indications）中费力地推出那似乎是由无限心灵所设计出的东西，但我们只满足于知道万物协作着，对那些遵循道德法则之人和那些在拷问自然时愿意献出自身且愿意被献出之人来说是善的。前者拥有理性的凭证，即配享幸福将会最终带来幸福；后者则免于"懒惰"或"堕落"理性的危险，他们知道在对经验的仔细考察中，他们在走一条唯一的道路，这条道路能够导向对自然、心灵和上帝更好的理解。

第二章　费希特的早期哲学

前面的章节中已经给出对批判哲学的简短总结，对读者来说必定显而易见的是，康德将意志或实践理性视为建构着人的本质的一种特殊方式。如果我们有可能成为纯粹沉思的存在者，那么我们将没有充分的理由把自己视作自由存在者，或者注定过一种更高的超越死亡的生活；我们应该也没有充分的理由坚持这个世界无论多么晦暗和不完善，都表现着一个最高存在者不可见的指导。正是道德法则的揭示，把我们引入一个应当存在并用其模式改变感性世界的理想世界中，它使我们能够知道我们的真正本性是什么和要求什么。然而，即使在他对知识条件的解释中，康德也表明他的体系在某种程度上依赖这样的信念，即理智的内在本性是通过普遍法则而实现着它自身的自由活动的。自然与其说是为（for）我们制作，倒不如说是被（by）我们制作。理智，作为普遍概念之源泉，把感官质料统合进一个 体系之中，与接受性的感官相对立，它被清楚地标识为"自发的"或"能动的"活动；并且把感性杂多用确定方式加以规定的过程就是心灵的一种自发活动。那种自发活动相关于理智的本质，被隐含在"自我意识的综合统一"之中，这种统一性是我们能够有的所有知识之最高条件。因此依康德的视角，自由活动被视为理性人的典型特点。自然地，费希特在寻求一个合理且能够被真实建造的哲学体系之最高原则时，就会从作为自我意识、能动且自由的人之概念出发；同样自然地，他的哲学应该明确地把理论对实践之隶属关系、知识对道德之隶属关系公式化，这都被康德不明显地指示过。进一步反思这一原则，将其与康德所阐述的批判哲学联系起来，就导向了对批判哲学的一种简化和重述，这使得它初看之下更像一种新理论，而不是对旧理论的重构。康德的目标是为一种不应默许任何事物的哲学铺平道路。那能够被证明与人类知识和道德之必然条件保持一致的东西，单独被获准进入这个崭新且完全理性的体系中。此原则是完全健全的，但即使完全忽略康德那些生涩且不恰当的陈述方式，也不能说它已经被彻底且一致地贯彻到底。在此甚至不可能去陈述且过多地追溯康德所有不忠实于那条原则的各种情况，但可以通过几句话来说明这一点，以便更好地理解费希特引入的变化。

　　尽管如已经说过的那样，康德把人类理智视作本质上能动且自发的，但在知识方面，他同样确信它只是在与"被给予"的感性材料之关系中才是能动的。如果被问到，被什么（what）"给予"？康德的答案无论如何都不如所期望的那样清晰。康德的确没有说过诸感觉是一个预先实存且独立的"自在之物"的结果，恰如那些研究其哲学的人仅仅偏狭地倾向于假设的那样；他所说的一切只是，我们的心灵并不产生知识的特殊（particular）要素，而是从其他来源接受它。从个体人的视角来看，这个陈述显然是正确的，并且无非是这样一个确信的表达——一个康德从未想过追问的确信——一个接一个地来到我们面前的诸对象，作为一个实在世界的诸部分，并不是被我们制造的，而是被揭示给我们。同时必须承认我们在这里遇到了批判哲学的根本谬误($\pi\rho\tilde{\omega}\tau o\nu\ \varphi\epsilon\tilde{\upsilon}\delta o\varsigma$)。对康德来说，即使后来把"自在之物"定义为表现着一个最高理性存在者的超感性世界，他也仍然将二者视作在其普遍本性中对我们来说隐藏着的东西，这是由我们心灵的必然限制所导致的，并且只能在我们所知的世界中隐晦地暗示着；如果仔细掂量一下，这种看法会导致一切关于未知物和不可知之物的合理哲学的终结。在这一看法中，真理和错误混合在一起，表明了空间和时间是人类直观的形式，或者至少是所有有着感性本性的理智存在者之直观形式。在某种程度上，这些"形式"的主观性表达着这样一种真理——这个真理是对所有真实哲学原则的应用——如果所有在时间或空间或同时在两者之中的可知对象脱离它们与意识的关系，就不能说它们实存着。在断言空间和时间属于作为直观性存在者的我们时，康德 _32_ 也打算强调如下真理，即为了彻底解释我们的心灵构造，那就必须将其带到与有限理智之超感性源头的关系中。进而言之，他的理论暗示，仅仅将诸客体规定为在空间和时间内的存在者，只能给出关于诸事物不完善且局部的知识，并遗留了心灵、世界和上帝之本性作为有待解决的问题。但是，尽管这些观点因为它们相关于最高重要性之真理的一个层面而被坚持着，并且或多或少地隐含在康德的理论中，但他实际上阐述的观点——空间和时间仅仅是我们直观的模式，并由此直观对象仅仅是显象——就不仅令人不满意，而且与一个应当完全解释知识何以可能的理论的要求相矛盾。无需赘述这个批判，简单地说就是，康德将诸范畴和诸图型限制在人类理智中，并在否认自我意识的原则提供了我们关于自在理智的实在知识上存在思想的混淆，这显露出他对两个非常不同的命题的混淆：（1）如此这般的有限
33　理智最终需要通过关联于无限理智来被解释，以及（2）人类理智就其本性而言，不能认识那些必须把自己呈现给一个无限理智的事物。这两个命题中的第一个我认为是真的，第二个我认为是假的。因为，尽管我们的理智必然暗示着关联于一个无限理智，但这却并不紧接着是在说，后者在其本质中不同于我们的理智，也不紧接着是在说我们认识的世界，当它被恰当地理解时，它就是唯一会被认识的世界。同样的不完善性困扰着康德对实践理性的理解。在理性与欲望之间、在"自然王国"与"恩典王国"之间，他设置了一道不可跨越的鸿沟，甚至他对上帝和不朽性的证明也受困于其不完善的理论逻辑。尽管如此，他以一种引人深思的方式论述了关于自由、不朽和上帝的理念，而且明确指出了可能的解决方案的方向。然而目前针对这些要点也没必要说得太多，因为费希特的思想是紧随康德的，但有一个重大且显著的例外，即他强调道德信念存在于一个我们内在理性之外的至高理性之中。

　　总之，根据前面的讨论，我们能够明白费希特试图把批判
34　主义发展成一个哲学体系的方式。他从理性或本质上是能动的自我概念出发，努力在不求助于不能被证实的概念的情况下，去表明知识和行动（conduct）如何能够被解释。由此，他断然否认了任何超感性之物的实在性，以及其他任何脱离与理性的关联而被认识的东西的实在性。他承认杂多或可感之物是"被给予

的"，但仅仅在此种意义上承认，即当我们把知识看成某种为着通常意识而存在着的东西，而不是将其关联于表现在意志中的理性之实践原初性(practical originativeness)时。此时我们对实在性的唯一检验手段就是对必然性的感觉，这种感觉迫使我们将某些对象看作是实在的。此外，虽然空间和时间以及诸范畴都是一些我们确定可知世界的方式，但它们同样也是世界通过它们现实地实存着的一些样式。然而，只有当可知世界被置于与实践理性的关系中时，它才能被恰当地解释；只有在这种情况下，对强制性的纯然感觉，即现实的经验性标尺，才被看作产生于作为意愿的自我意识。只有在意愿中，我才意识到自己是能动的，也就是说，我在我的本质性本性中是能动的；因为对自我之意识是对非我之意识的必要条件，所以在意志中我立即就意识到我自己和非我，或者与自我对立却相关于自我的实在世界。因此理性是真正的"自在之物"，并且由此，至少在我们目前处理的其哲学思考的第一阶段，除理性外，费希特不承认有任何超感性的实在向我们显现，也不承认除道德完善性的理想外的任何上帝，而人的道德生命就在于对这种理想的持续接近。至于费希特在抛弃了康德所构想的超感性之物后，是否扫除掉了康德体系中更宏大的部分，我们随后将讨论这一点；同时也将适当地在陈述其哲学时，更加详细地遵循他自己的陈述方式，并更多地深入细节中。

当把思想转向我们所发现的意识内容时，如费希特所说，它们就被分成两个组别——一些伴随着一种自由的感觉，一些伴随着一种必然性感觉。解释那伴随着必然性感觉的理念，换

言之，解释内在的和外在的经验，这就是哲学的问题。现在，

36 要提出任何一种经验解释，都要求它必须能够超拔于经验之上，以便将经验当作一个整体来进行反思，这暗含着从经验中抽离出来的能力。只有两种解释经验的方式在逻辑上是可能的：一种是独断论的解释方式，一种是唯心论的解释方式。根据唯心论，我们必须在理智自身中寻找解释，并抽离于它与经验的所有关系；根据独断论，我们必须在自在之物中寻找解释，而抽离于它在经验或意识中出现的事实。现在，在唯心论的客体和独断论的客体之间有一个显著的对立。一方面，理智既不是一个纯粹的虚构，也不是一个在经验中的现实对象或物。它之所以不是前者，是因为甚至连纯粹的虚构也是由理智自由地产生的，并因此预设了理智；它之所以不是后者，是因为虽然没有任何对象不是为着理智而实存的，但就理智这一术语的通常含义而言，它本身并不是一个经验对象。另一方面，自在之物是一个纯粹的虚构，因为它超越了理智，从而就决不能被认识。因此，唯心论的客体和实在论的客体都同样超越于经验；但它们在这一点上是不同的，即理智是在一切经验中被预设的，而

37 自在之物至多是由理智为解释经验而建立的一个虚构。这并不表明没有自在之物，而是提出了一项对它的怀疑。

　　这些体系中的任何一个都不能驳倒另一个。唯心论不能驳倒独断论：唯心论者以自由自身的能动性信念为起点，但独断论者坚持认为，所有的经验都能通过某种独立实在对意识的作用来解释，从而将自由的信念还原为一种幻象。正如斯宾诺莎所说，这种信念产生的原因在于，我们对诸行动有所认识，但

却对行动的原因一无所知。每个独断论者都必然是一个决定论者和唯物主义者。他之所以是前者，是因为他使自由的能动性成为一种幻象；他之所以是后者，是因为他把理智解释为自在之物的一种模式。同样地，独断论也不能驳倒唯心论。独断论的基础——也是其唯一基础——是假定必须通过一种自在之物来解释经验。但是，如果经验能够以唯心论的方式得到解释，那么独断论建立起来的整个结构就垮塌了。

我们可以很容易地看出独断论在解释现实经验时的不充足性。理智是那种能看到它自身的东西，或者说直接就是客体和主体；它自为地存在且仅仅自为地存在。如果我思考任何一个客体，我都必须把这个客体与我自己关联起来。如果这个客体仅仅是一种发明物，那么就是我为自己生产了它；如果这客体是实在的并且独立于我的发明，那么我就把它沉思为向着我而出现的；但无论在哪一种情况下，被经验的客体都只是为着作为理智的我而存在的，它们并不为着自身而存在。除理智外，无物实存。由此，尽管理智就其核心本性而言是双重性的（或者说同时是观念的和实在的），但事物只是单一的或实在的；前者为着自身而存在着，后者却并非如此。

那么，在一边，我们有理智以及回指向理智自身的诸客体，而在另一边，是独断论者所说的自在之物，这两者之间不存在桥梁。独断论者如何沟通它们呢？通过因果性原则。他将理智及其对象解释为某种与理智无关的事物的产物或结果。但这根本就不是什么解释。假设一物作为原因作用于别的东西，这并没有在解释理智的方面迈出任何一步。如果被作用的客体被构想为具有机械性的力，那么它将把这种影响传递给另一个客体，从这个客体再到第三个客体，并由此延伸至整个客体链条；但是这些客体没有一个因此是自为地（for itself）实存着，或者说成为有意识的：它是被作用的，但它却不知道自己是被作用的。不但如此，即使赋予你的客体以一个客体应有的最高属性，即感性属性，它也仍然不会被激发为自我意识；它可能会针对外部刺激而做出反应，但它将不会意识到自己在做出反应。因此，意识经验并没有通过自在之物得到解释，而仅仅是被撇到一边。我们有的一切，只是事物彼此之间的相互作用及这种作用的产物，其在事物中发生了变化，但这种变化对经验来说什么也不是，因为经验意味着意识。独断论者可能会说灵魂是自在之物之一，通过这种方式，其毫无疑问能够把原因和结果的范畴应用于它；但是这样做并没有解释经验，而只是简单地把灵魂置入那用以解释经验的虚构之中。或者，如果说自在之物的结果——无论自在之物叫什么名字（物质、灵魂或上帝）——是产生意识，那么我们只是把因果性理念与理智联结在了一起，而没有解释任何东西，因为这两种东西是完全不同的。因此，独断论没有成功地解释它要去解释的东西。因此，它根本不是哲学，而是一种不可思想的荒谬。只要意识到理智和机械进程之间的区别，我们就会发现，用后者解释前者的一切尝试根本上就是荒谬的。只有那些忽视理智的人才能假定他们已经通过自在之物的预设解释了它。

唯心论从理智的能动性（activity）出发来解释对客体的意识。理智是纯粹能动的或自我规定的，因为它是所有别的东西都依赖的那种东西。说它是一种存在样式（a mode of being）是不正确的，因为存在就意味着事物彼此之间的交互作用，但是没有任何东西能够作用于知识，因为万物都是向着知识而存在的。知识甚至不是某种活动着的东西（something that acts），因为那样的话就意味着它的实存先行于它的活动。现在，经验的各种显现方式——例如关于时空物质世界的经验——都可以通过理智纯粹的自身活动而得到解释，因此理智必须遵循它自己产生的法则。这就是为什么对客体的经验伴随着必然性的感觉。理智只能根据它自己的法则来行动，并把自身认作由这些法则所规定的，它感到自己就其本性而言是被约束或被限制的。将理智看作依据其自身本性之法则而行动的那种思想，被称作先验的或批判的唯心论，它区别于超验的唯心论——这种唯心论假设理智依据一种无法则的或随意的方式来行动。理智在行动中显示它的法则，并把这些法则整合在一个单一体系之中。那么，这些法则是如何被发现的呢？让任何人都思考某个客体，比如一个三角形，他都将通过反思发现两件事实：（1）思维的行动是自由的，或者是依赖思维着的人格意志的；（2）思考的行为能够以必然的方式（manner）实现。后者是思维活动的法则，而且只能通过自由的思维来被揭示。因此，思维活动是自由的，但它依据思维的必然法则而进行，这就是一切思维的基本法则被发现的方式。但是通过对这个法则的检验可以表明，其中隐含着第二个行动，而这第二个行动又隐含着第三个行动，依此类推，直到第一个行动依赖的所有行动都被完成。如果唯心论的前提是正确的，并且演绎是正确的，那么结果就必定与一切经验的

41

法则和谐一致。因此，唯心论从一个意识事实（然而它只有通过思维的自由行动才能被获得）出发，以获得经验法则的总体。它不与经验保持同一，但当经验作为整体而完成其完整图画之时，它就与之保持同一。经验所关涉的，是哲学发现的所有法则之间的协调一致，而不是其中任何一个法则与其他法则之间的分离。这些分离的法则只存在于哲学家的理论中：它们只是观念上的区分，这些区分也只是哲学家根据被指示的方法而找到的。然而，这种区分却是实在的法则，因为它们是通过对理智必然行动方式的反思而被发现的。

　　那么，费希特哲学的基本原则，就是自我作为一种回返它自身的活动而存在的。现在让我们看看这一原则如何正式地被建立起来。每个人都会承认，在意识中存在着诸多客体。这并没有断言意识能证明任何东西绝对的实在，而只是说我们现实地有一种关于诸客体的意识。让我们假设，我们在经验意识中对所谓台球这种可感客体有一种直观或领会。现在，在哲学中，至少在最初阶段，我们关心的不是客体通过哪些可感性质与其他客体区分开来，而只是诸客体与意识的关系。因此，总的来说我们的问题是：客体与意识的关系是什么？我们从这个台球的各种可感性质——广延、球形、硬度等等之中抽象出来，这样的话我们就排除掉了那把这个台球和其他意识客体区分开来的东西，而仅仅留下对某物的意识，或对一个一般客体的意识。为了表达的简洁性，让我们把这个某物或客体称为 A。现在，A 存在于意识中。我们不说有任何实在的客体，即任何脱离意识而实存的客体，而只说 A 存在于意识中。我们断言如果 A 在意

42（行号）
43（行号）

识中，那么它就在意识中。这个命题的内容是纯粹假言的，因为我们并不确定有任何实在的 A，但是这个命题的形式却不是假言的，而是绝对确定的。"如果 A 存在，那么它就是 A"，这是一个直接确定的命题，并由此不需要任何形式的证明。问题关涉这条法则的依据是什么。我们已经设定 A 现实地在意识中，而不设定它有任何脱离意识的实在性。但为了在意识中存在，A 必须回指向自我。我设定 A 在我的意识中，通过这样做我就设定了我自身（myself）。考虑一下如果第一个 A 在意识中，而第二个 A 不在意识中，那我们就明显不能断言"A＝A"，这样我们就看得很清楚了。由此，自我必须与它自身保持同一，我们也就能用命题自我＝自我，或客观自我同一于主观自我来替换"A＝A"。为了使"A＝A"这个命题能形成，主体和客体两者必须同时在意识中在场；并且无论这个命题如何频繁地被得出，都会要求同样的条件。现在，因为自我同一性是命题"A＝A"的基础，所以通过从自我中抽象出来并仅仅把目光投向断言的形式，我们就得到了同一性（identity）的逻辑法则。此外，既然所有可知客体都仅仅是为着自我而存在的客体，那么客体对自我的指涉（无论这客体可能是什么），就是在知识之中任何实在客体存在的条件；因此，那指涉向自我的东西就是独立实在的，或者说，客体对自我的指涉就是实在性（reality）的范畴。

再者，我们在经验意识中发现了一个客体与另一个客体的区别；例如，我们断定一颗炮弹不是（not）一个台球。抽象地说，这产生出命题"非 A 不等于 A"。这个命题中主词和谓词的关系揭示出了在命题"A＝A"中隐含的第二个非常明显的行动。

并且，因为除自我之外无物存在，所以这个行动也是自我的一个行动，这个行动是一个对立的行动，而第一个行动是一个设定的行动。尽管这个行动（act）是明晰且独立的，但其内容或质料却依赖于第一个命题的内容或质料。除非我们设定 A，否则就没有非 A。现在，在第一个行动中自我设定自我，而在这个行动中，自我必定设定非我对立于自我。从内容中抽象出来并将目光仅仅投向这个对立行动的形式，我们就得到了"非 A 不等于 A"这个逻辑形式，我们把它称作对立（opposition）或矛盾（contradiction）的逻辑法则；当这个行动应用于任何实在客体时，就产生了否定性（negation）的范畴。

就其本身（per se）而言，这两个命题明显是相互矛盾的。如果非我被设定了，就不可能设定自我；如果自我被设定了，就不可能设定非我。但两者都在自我中被设定了，由此两者就必定以某种方式相互调和了，否则自我意识的同一性就会被摧毁。因此很显然，必定还有第三个意识行动，在其中两个对立的命题被调和起来。这第三个行动只是要统一前两个对立项，而不是要摧毁它们中的任何一方，这相当于它们互相作为他者而限制另一方。对于直接的经验自我和非我，或者意识主体和客体而言，它们相互限制彼此或仅仅在与彼此的关联中存在着，而在同时设定了它们两者的绝对自我中，才存在两者的联结行动。因此，这个行动可以通过这个公式来表达：绝对自我在自身中设定一个被限制的自我对立于一个被限制的非我。进而，从内容中抽象出来，并将目光投向统一对立项的纯然形式，我们就得到了根据（ground）的逻辑法则。A 部分地等于非 A；A 部分地

不等于非 A。就 A 等于非 A 而言，我们获得了关系的根据
（ground of relation）；就 A 不等于非 A 而言，我们获得了区分的
根据（ground of distinction）。同时，就这一综合行动关联于实在
客体而言，它产生了限制性（limitation）或规定性（determination）
的范畴。

在第三个基本原则中的这种综合，同时是费希特理论哲学
和实践哲学的起点。这个综合通过以下命题被表述："在绝对自
我中，自我和非我同时被设定为每一个都通过另一个成为可限
制的；或者，就设定自我而言，非我的实在性被否定，就设定
非我而言，自我的实在性被否定，而它们每一个的实在性都仅
仅为它们自身而实存。"现在，这个综合可以被分成两个命题：
（1）自我设定了被自我限制着的非我；（2）自我设定了被非我限
制着的自我。这两个命题中的前者是实践哲学的基础，后者是
理论哲学的基础。尽管自我和非我两者只是为着绝对自我而存
在的，但是现在，"相对自我和相对非我相互限制或彼此规定"
这一命题并未解决这种相互规定到底是什么的问题，也未回答 47
该矛盾如何被调和的问题。因此，在对这一最高综合（它把两个
相互矛盾项调和起来）给出任何结论之前，我们必须考虑规定性
的每一个样式并单独地检验它们。自我规定着非我，但非我也
规定着自我，这种情况是如何可能的？要解决这一问题，就必
须去追问每一个命题究竟在何种意义上始终协调于自我、非我
以及绝对自我的关系。

如果这三个命题——这三个从理智核心本性中"演绎"或体
现出来的命题——在某种程度上对读者来说会显得晦涩，那么

通过把它们关联于更好理解的康德哲学，它们的意义能被更容易地领会。康德前两部批判的标题暗含着，理性被视作一种单一而不可分割的统一体，并且这同一个理性分别规定了将其自身表现为认知着的东西和将其自身表现为实践地行动着的东西。用理性来代替费希特的"自我设定自我"，就可以明白绝对命题只是对理性的本性（作为自我意识活动）所做的形式陈述，这种自我意识的活动除它自己外，不能转化成任何事物；它既不是单纯理论的，也不是单纯实践的，而是两者的潜能。现在只需要简单地思考就能看到，理性或纯粹自我，如果就其纯然抽象或潜能来考察的话，只能够消极地被定义为独立于一切他物，并积极地被定义为绝对的自我肯定（self-affirmation）或自我实现，那么它自身必须在成为我们眼中实存的理性之前进行差异化；换言之，它必须根据其显现样式而被区分为理论的或实践的，并且在任何情况下，都必须存在主体和客体、自我和非我的对立。这些术语是必然相关的：对于我们来说，不可能有不认识客体或者不实现一个客体或目的的主体，也没有不被认识或实现的客体。如我们所看到的，这种既包含知识又包含行动的条件也隐含在康德哲学中，尽管他并不总是忠实于他自己。然而，因为费希特的第一个命题断言，理性或自我意识不能依赖于任何异于它的东西——任何不可思维的自在之物，所以他的第二个命题坚持，一切实在性的必要条件在于意识中主体和客体之间的区分。我们也将觉察到，这个命题兼具认知和行动。第三个命题或基本综合只是使前两个相互联结的命题中的隐含东西变得清晰可见。主体和客体必定相互对立，否则的话就不可能有实在的意识，同时这对立可以或是理论的或是实践的。但是这种意识内在的对立并不是实在的分离，而仅仅是形式的或逻辑的区分。理性将它自身呈现在自我和非我的对立中，否则的话它就不是理性，但是它接纳了表达其本性的区分。进而言之，就自我显得依赖非我或相反而言，自我和非我的对立采取了两个不同的方向：理论性地看，客体似乎"被给予"了自我；实践性地看，自我将其自身投入客体中。由此，进一步的哲学科目会有两个分支：理论哲学，在其中展示了理性让客体成为对它而言可理解之物的各种方式；实践哲学，在其中展示了理性在由自身所产生的世界中实现理性内在本性的方式。

没有必要追随费希特对交互性、因果性和实体性范畴的"演绎"，其演绎的原则本质上与康德的"范畴演绎"保持一致。我们需要牢记的是，费希特并没有将范畴展示为属于人类心灵"构造"的形式，而是将其展示为理性在认识客观世界过程中显现自身的各种运动。费希特在区分理智的三重运动以及试图将这些范畴有机地联系在一起时，提供了一种规范，这种规范在黑格尔那里进一步发展为一个详尽的体系，包括理智思维现实世界的一切范畴或活动方式。 *50*

为了让读者自己能够看到谢林在先验唯心论中是多么具有原创性，我们建议先简述一下在费希特体系中被称作"心理学"的部分。费希特和康德的知识理论的主要区别源自如下事实，即前者拒绝假设"感性杂多"通过关联于自在之物而成为实在的，并拒绝以此方式使问题变得更为容易，由此，费希特不得不去解释，理智自身的本性似乎完全与可感的对象世界相独立的现

象。这一解释的答案，如此之深地蕴藏在"生产性想象力"的本
51　性中，通过这种被描述为我们心灵法则的能力，可以说，显现
在我们意识中的诸特殊东西被抛到认知着的主体之外。客体之
所以显得是独立且外在于意识的，是因为这个过程发生在任何
关于它的反思意识之外。首先，客体或非我是被独立沉思的，
这是纯粹知识的特征，且区别于实践活动，因此它并不明确地
关联于自我，并由此将自身呈现为好像一个独立的实在。因此，
哲学反思需要揭示出客体与主体之间的隐含关系，并表明客体
那不言自明的独立性和因果性不过是一种自然幻象。那么，对
于客体的实在性，我们必定只能理解为知识理智根据其存在法
则设定给自己的限制。然而，理智设定的限制理智必定能够去
除，并且事实上认知过程就是对自己创造的限制的不断超越。
因此，想象力是一个持续设定限制并去除限制的过程；实际上，
52　理智在设立某物异于自身的过程中，又去除了对立。由此，对
于那些建构知识的各种观念演化的阶段，我们必须一直依循并
且直到完全穷尽它们；正如我们预料的那样，我们将不得不在
主体的自我行动中，而不是在对客体的沉思中，寻求对现实的
最终解释。

　　费希特的形而上学研究已经表明，不可能存在与理智脱离
关联的可知实在，并且他还证明了人类知识发展的法则是理智
最初只是通过无意识或非反思的方式来思考的，而后来，理智
被其本性的法则强迫着通过一种反思的或有意识的方式来思考。
从无意识知识向有意识知识的提升，构成思维的辩证运动，知
识的诸阶段也通过这一辩证运动而被达到。现在，当我们把注

意力集中于认知过程本身时，换言之，当我们处理心理学的特有问题时，我们发现了认知所经历的各种不同阶段：感觉，知觉，等等。在处理这些阶段时，费希特将个体面临的各个知识阶段的描述与它们的演绎结合在一起；也就是说，他不仅试图说明知识事实上拥有这些阶段，而且还要说明，根据知识发展的必然法则，它为什么必定有这些阶段而不是其他。他通过对主观知识阶段的演绎，补充了范畴演绎。

　　知识的最初也是最低阶段，是感觉(sensation)。对那些仍处于感觉阶段的个体来说，只存在一种直接的感觉；换言之，他似乎是绝对被动的，或者说缺乏任何反思的。如我们所知，感觉似乎是被动地从外部被接纳而来的东西。我们知道感觉必定是自我自身的产物，因为除了与自我有关的东西，对理智来说什么都不存在，并且如果它不主动去关联的话，无物能关联于它。因此，感觉表现为一种纯粹的被动状态。自我只是自在地发现它，并不明显地生产(produce)它。由此，感觉可以被定义为一种对被给予状态的"自内发现"(finding-within-self, Empfindung)。但伴随着我们从知识形而上学研究中获得的启示，当我们追问自我是否事实上如它显得那样是绝对被动的时候，我们立刻看到它并不是这样的。如果它真的是被动的，那么就根本不会有感觉存在。一个来自外部的纯然印象并不与一个现实地被经验的感觉相同一。为了被经验到，它必须由自我来处置，并且这种处置是一种行动，而不是一种状态。因此，我们必须把感觉视作一个复杂产物：一方面是被动的，另一方面是能动的。两种因素——被动性和能动性，联合了起来，并且它们的共同产物只能既不是单纯的能动性也不是单纯的被动性，而是合二者为一的某种东西；并且如果这两种因素在一个共同产物中联合起来，它们必定相互限制，但并不摧毁彼此。因此，感觉是对自我的限制。就其自身而言，或者从一切产物或客体中抽象出来看，自我就是纯粹的、不受限制的能动性，但一种绝对的纯粹自我是一种不可被思考的抽象之物，因为自我只有在具有某种自我意识的情况下才能存在。因此，为了能够获得知识——无论什么知识——理智都必须以某种方式反思、审查或限定其无限的能动性。当不被限制的能动性由此被反思时，换言之，当它折返回自身的时候，无限制的能动性就被打断了，它就由此成为被限制的东西。因此，自我是一种折返回自身内的能动性。于是它认识自身、发现自身、感受自身。至此我们55已经解释了为什么理智意识着它自身，但我们并没有解释这是如何发生的，即它并没有辨认出它自己产生的限制。如我们已经看到的，对个体来说，感觉显现为通过某种外在于我的东西限制着自我。我们如何解释这种幻象呢？答案非常简单：自我反思着它自己的活动，但它没有，实际上也不能同时反思这种反思；换言之，它并不能把自己意识为同时被规定的且生产性的。因此，反思在其最初的形式中是一种无意识活动，并且因为理智是无意识地把自身视作生产性的，所以被生产的东西必然显得是从某种其他来源被给予的。于是自我只发现它自己被限制，却并没有辨认出它所发现的东西事实上由它自身所产生，这就是感觉。由此感觉的所有特点都被解释了：（1）自我显得是被动的，因为它并不反思它自己的反思活动；（2）由于缺乏有意识的反思，自我与其客体是直接同一的，或者不如说，似乎是同一的；以及(3)被动性和能动性的联合由如下事实来解释，即自我反作用于它自己的能动性，由此在某种程度上是被动的。　56因此，每一个感觉都伴随着一种对约束或强迫的感受。

　　知识的第二个阶段是直观(perception)。在知觉中，自我在某种程度上沉浸并迷失在一个客体或非我中。同时，理智不再如同在感觉中那样直接地与其客体保持同一，而是对它来说存在一个对立的非我或客体，由此它似乎是被限制的。因此，不仅有感觉，还有直观；不仅有约束感，还有对产生约束感的那种非我的直观；不仅有被限制的某物，还有去限制的某物。在直观中，这两种因素被一同统一起来，由此没有无约束感的直观，也没有无直观的约束感。这是从现象学观点出发对直观的描述，现在，我们必须追问知识的第二个阶段如何被哲学性地解释。正如已经说过的那样，知识演化的每一个新步骤必定源于反思的一个新行动，且必定产生新的产物。自我所是之物必须成为自为的。现在我们已经看到，在感觉中，理智发现它自己是被限制的。然而，这限制只是一种对限制的感觉，而不是对这限制的明确反思。因此，下一个步骤就是把这种限制的事　57实提升到明确的意识，并且只有当自我反思其限制并在事实上超越它时，这一步才发生。正如对自我之纯粹能动性的反思产生限制，对限制的反思也必然是对它的超越。并且，一旦超出自我的限制，那么除那限制着它的非我外，就无物存在了。从我们对知识的形而上学分析中，我们知道在知识中不存在不是理智产物的客体。那么，非我如何显得完全独立于自我？准确地说，这同样因为感觉似乎是纯粹被动性的。在直观中，理智对感觉进行反思，但出于同样的原因，它不能同时反思它的反思。由此，非我作为自我之能动性的一个实在产物，就显得是独立于自我的。因为自我没有看到它自己的行动，理智也意识不到它自己在直观中的活动，客体由此就显得独立于它。因此，在直观阶段，那被直观的东西似乎只能是非我的产物。理智从直观中的被给予之物开始，将其进一步提升到一个更高的形式，当然，这是反思的一个新行动的结果。这种反思行动是自由的或自发的：自我只能反思在直观中被给予它的东西，但这种反思行动是它自己的自发性活动。想象力（imagination）的这种行动，一方面是自由的，另一方面是被规定的：说它是自由的，是因为它是自我之自发活动的一个产物；说它是被规定的，是因为自我必须遵从直观中被给予之客体的属性。因此，产生了心灵图像的标记或属性被应用于实在客体，实在客体被视作那些属性的实体；并且这些图像的存在被视作客体活动的结果，或者说，客体活动是这些心灵图像的原因。因此，显而易见，想象力是诸范畴的真正条件。对空间和时间的纯粹直观产生于同一个源泉，即产生自理智的想象性活动的潜在无限性。

到目前为止，我们只解释了诸客体之表象的普遍条件。然而，由于知性（understanding）的作用，想象力的产物必须被固定下来或被关联起来。同样，知性自身也隶属一种新的反思行动，它意味着一种对客体加以反思或从它之中抽象出来的能力。这种新的反思行动就是判断力（judgment），判断力本身则有赖于理性（reason），理性是一种完全抽象出整个客体世界并将注意力完

全集中于理智自身的活动。由此，我们达到了纯粹自我意识
（pure Self-consciousness），这是我们最初开始探究的起点。由
此，知识的圆圈也就完成了，现在只剩下知识和行动的关系有
待被规定。

我们已经表明，如果知识脱离自我与非我、主体与客体的
关系，那么任何知识都是不可能的。但在此关系中有一个尚未
解决的残余，现在我们的注意力必须瞄准它。正如知识在我们
现实经验中被发现的那样，无论是取走主体还是客体都会使知
识变得不可能。一个在其面前空无一物的自我，仅仅是纯粹的
知识潜能，而脱离自我存在着的客体对知识来说什么也不是。
在对既要与自我保持距离，又要关联于它的客体之领会中，存
在着一种确信或感觉，即客体是必然的，或者换言之，它不是
某种由我们做成的东西。正如费希特适时强调的那样，这种必
然性的感觉是我们日常知识中的一个重要标准，通过它，我们
说服自己在我们面前的是一个实在客体，而不只是出自我们心
灵的一个虚构。这种必然的感觉与康德的自在之物之间的关系　60
是显而易见的。康德从逐步获取知识的个体人的视角出发，倾
向于认为，除我们认知能力的形式构造外，时空中的客体意味
着一种不由我们产生且"被给予"我们的特定感性要素，如果脱
离这种"被给予"的要素，那么就没有关于现实客体的知识。更
进一步，他断定自在之物在我们的日常或可感经验中是不可知
的，而自在之物的本性就成了问题，留待后续思索。同样，费
希特经过适当思考，几乎是在最低限度上改变了康德的观点，
费希特认为我们对实在世界的日常经验伴随着一种感觉，这感

觉相关于某种在我们面前、不由我们做成，而是独立于我们的东西。然而，这种构想必须被证明。仅仅将客体接受为某种必然或实在的东西是不够的；我们必须进一步表明，我们如何能够从自我或理性的本性出发，清楚地将实在性赋予一个独立的世界，尽管除关联于作为有意识存在者的我们外就不可能有世界。

现在很明显，对于作为认知理智的我们而言，对必然性感觉的解释是对世界实在性的检验，这一解释必须从自我意识的本性中被发现。任何通过先验实在性来寻求这一解释的方式，例如康德在本体或超感性世界中寻找的那样，都是与唯心论的首要原则不相一致的。对实在性的解释必须与自我保持直接且不可分割的联系。现在我们发现，统一知识与行动的自我是一种折返回自身的活动，或者说，是凭借其本己活动的事实来建立它自己的实在性的自我。这种纯粹的活动不同于认知自我的有限活动，它就其本己活动而言是绝对不被限制的或无限的；就其本性而言，它不能够与任何异于它自身的东西相互影响。我们已经看到康德在实践理性中找到了人类自由的本质，并将理性建立的理想作为万物的终极目标，他倾向于把日常经验世界认作某一神圣心灵的显现着的明晰踪迹。费希特抓住作为绝对自我或普遍自我的实践理性，将其自身揭示为对我们而言的一个理想，我们必须将其作为我们一切努力的目标。因此，现实存在着的自我在任何时刻都对立于无限完善的自我之理念，而我们唯有通过理念才能寻求同一。然而，这个理想自我不被等同于康德的最高理性，它不能被构想为超越我们的知识领域并由此是不可知的东西。简言之，绝对自我只是被我们的日常自我构想为一个理想，在此世中并且就我们自由的德性而言，我们必须不断接近它。对每一个个体而言，作为一种自我意识之活动的绝对自我必然被给予，它不是作为一个可知客体被给予，而是作为一个有待实现的理想被给予。那么，如果承认人类理性必然包含一个无限完满之自我的理想，那么这个理想自我与关联于可知对象之自我的关系是什么？我们能否将这种必然性的感觉——也就是对作为认知者的我们而言，这种检验实在性的标志——与理性的理想联结起来？毫无疑问，费希特认为知识必定能够从自我自由地将自身规定为一种活动的本性中得到解释。只有我在意识到自己是能动的、是意愿着道德法则的时候，我才相信自己是一个现实的人。现在，道德作为对理想自我的接近，必然意味着斗争和努力。我的心灵法则与我的动物法则相冲突；欲望必须被克服，而且它们只能通过与直接自我的激烈对抗以及朝向理想自我的方式来被克服。因此，世界对我显现为某种异于我本性的东西，而克服它是我的本性。 *63*
对道德生活来说，这种异己要素是必然的，如果没有对立物的话，道德生活就停止了。因此于我而言，世界的实在性意味着对某种抵抗我一切努力的东西的意识，或者主观地讲，意味着对朝向一个永远领先于我的目标的无限努力的意识。因此，我们能够分辨在自我中可以被隐喻地称作离心方向的东西和向心方向的东西：前者迫使我们向前进发，后者将其自身显现为一种向自我的折返。如果这两者之一缺席了，那么就不存在对自我的意识，由此也就没有客体世界。因此，我们的有限性就在于如下事实，即尽管我们的本性在于实现理想自我，但我们在这样做的时候却被我们不断遇到的对立物所阻抗。这种对立物在我们的意识中显现为一种必然性感觉或强迫感觉——如我们所见，这种感觉对认知主体来说是实在性的直接标准。由此，实在性的圆圈就完成了。从知识的角度来看，检验实在性对必然性的感觉是非理智的，但通过把人视作一个追寻完善且被某种似乎异于他的东西驱使着不断回到自身的有限存在者，这种感觉得到了解释——实际上这是无限理性在建构着他的本质本性。

64　　　在结束对谢林产生重要影响的费希特早期哲学之前，我要简短评估一下它对于解决康德所提出的重大问题的价值。在其整个探究中，康德假设理性在一切人中都绝对相同，且理性的诸结论都被普遍有效地接受。但这仅仅是由于他不加质疑地起始于这样的前提，即他从来没有清楚地区分个体人的理性和作为一般理智之本质的理性；或者甚而言之，他假定围绕着个体人的限制就是属于一般理性之本性的限制，且这种限制并不能够被超越。由此，我们都直观到可知世界被建构为独立于我们个人对它的意识的东西，但康德却没有完善而清晰地表明根本没有世界能不关联于理智而存在。所以对他来说显而易见的是，除了被揭示给人类理智的世界，还有一个超感性世界，它只是被晦暗地遮蔽了起来，尽管这一世界被认作是实存着的，但它从来没有成为对我们来说完全可理解的世界。并且由于经验世

65　界只是现象性的，康德倾向于认为，心灵在其真实本性中不能被恰当地认识，而是必须通过我们不完善的人类方式来以感性

的方式形象化(figured)。最后，尽管上帝作为至善不可否认是现实的，但严格地讲他仍然对我们来说是不可知的，而它只有通过出自感官世界的类比才成为对我们而言可理解的东西。

现在，如果我们坚决要让康德认清现象世界与本体世界之区分的逻辑后果，那么我们就能轻易表明——正如已经多次表明的那样——本体世界会烟消云散，留给我们的只有所谓现象世界或可感世界。说自在的世界、自在的心灵和自在的上帝并不是我们所认识的那样，是不合逻辑的，因为对于我们并不认识的事物，我们不能断定任何东西。同时必须要指出，这种批判方法有点浅薄，且完全略过了批判理论的更深层要素。因为尽管世界、心灵和上帝确实不能如其所是地被认识，而同样真实的是它们不能被量、实体、原因这些通常范畴所充分地标识。如康德正确表达的那样，这些范畴被应用于部分的经验，而不被应用于全部的经验；它们把物质的本性表达为在时间中的可移动者，但它们不表达心灵的本性，且它们完全不表达上帝的本性。因此康德的不完善不在于断言了可感世界的有限本性，而在于将本体世界披上一层半透明的神秘面纱。理所当然地，世界、心灵和上帝并不能充分地被量、实体或原因所标识，但至少它们更适合通过这些范畴被标识，而不是用那些纯粹存在去标识——纯粹存在几乎就等于纯粹的无。因此，康德思想的发展要求对这些超感性客体作出肯定的规定，而之前他只是通过否定的谓词或至多通过源自可感世界的类比来加以定义，他将这可感世界视作有限的、局部的且有依赖性的。

费希特的主要功绩在于，他用毫不犹豫的清晰与果断去除

66

了康德放在神秘自在之物之前的面纱。他和康德一样，假设了理性的绝对性、个体的同一性和普遍的理性，所以他所描绘的哲学问题是，就我的理性而言，我如何能够认识一个时空世界，以及我的理性的内在本性是什么？通过对康德理论的纯粹化，费希特找到了这些问题的答案。在某种意义上，人之心灵是唯一可理解的实在，它为其余一切事物提供解决门路。只要确切规定了人类理智的本性，就能够纯粹地展示出一切实在之物的必然条件。对康德观点进行纯粹化的线索大部分都由康德自己提供；并且实际上，费希特为了把康德提升到他的特殊视角而需要做的一切——把康德自我意识之先验统一性的解释与理性在其实践运用中的解释关联起来，并拒绝任何纯粹虚构的神秘不可知的自在之物——都在康德自己的观点中被提供了。然而，还不能说费希特已经完全解决了康德所提出的问题。他的主要功绩在于强调存在与自我意识之间的必然相关性；他对康德理论的简化仍然保留了其更深层次的方面，他呈现给我们的这幅实存图景是一群有限的理智，每一个有限理智都努力去实现以某种方式被给予它的完满理想；但是他并没有告诉我们这些理智与整体世界的关系是什么，或者它们如何关联于一个无限理智。对于个体来说，自我以某种方式被给予自我，它既直接存在于追逐无限的永恒斗争中，它自身也是这斗争的目标；但是在这里，费希特却没有尝试把自我与绝对理智联结起来，这种理智能够直接理解有限存在者和有限事物。同时，也不能说费希特对世界实在性的"演绎"就只是对这一问题的重述。毫无疑问，如果脱离了意志的自由活动，我们就不能有知识；但同样真实

67

68

的是，如果脱离了知识，我们也就不可能有自由活动。说对不可获得的理想的无限追寻解释了实在的感觉，这完全等于说自由发现它自身受到了阻碍。将客观世界呈现给个别的理智并不足以解释什么是客观实在；我们仍然希望知道，脱离任何特殊个体理智的客观实在性是什么，或者进一步讲，有限理智及其世界，与以某种方式高于它们的东西的关系是什么。如果没有比费希特的知识理论更少假设性的一种知识理论，那么这个问题就不能得到回答。这确实隐含在晚期费希特所呈现的体系变化之中，这些变化都是在更切近地定义绝对自我，或者换言之，这些变化都是为了解释个体与普遍理智的关系。因此，显而易见，从费希特根据康德的理论所提出的主体和客体的统一开始，接下来的思辨探索必须尝试对人、世界和绝对者三者之间关系的更深刻和更切近的认识。 *69*

第三章　谢林的早期著作

　　1775 年，谢林出生于符腾堡州的莱昂贝格，比费希特晚出生 13 年。谢林 15 岁时进入图宾根大学学习神学，20 岁时开始从事哲学写作，他的第一部作品是一篇名为《论哲学本身的形式之可能性》（"The Possibility of a Form of Philosophy in General"）的论文，在这篇论文中，谢林紧紧追随费希特在《论知识学或所谓哲学的概念》（*Idea of Philosophy*）中提出的主旨。谢林声称这篇论文源自对《纯粹理性批判》的研究，在反思中他意识到必须有一个单一的本原来将哲学的所有部分连接到一个有机的整体当中。舒尔策的《埃奈西德穆》（*Enesidemus*）和迈蒙的《新知识论》（*New Theory of Knowledge*）使得谢林更加清晰地认识到需要有这样一个本原。谢林还得出结论说，莱茵霍尔德（Reinhold）的"基础哲学"并没有满足这一需求，因为莱茵霍尔德所试图建立的完整体系所基于的本原并不是一个能够从中衍生出哲学的形式和内容的本原。费希特对《埃奈西德穆》的评论和《论知识学或所谓哲学的概念》使得谢林相信，他一直在寻找的本原只能在自我意识中被找到，因为自我意识在建立自身时是形式与内容合一的。在叙述这篇论文的起源时，谢林有些过于急切地想要宣称作品的原创性，但无论作品在风格上多么出彩，都没有特殊的证据表明这种原创性。其中唯一称得上原创性的地方在于，谢林尝试从费希特哲学的三个基本原则中不仅推导出康德的质的范畴，而且推导出量的范畴和模态的范畴。这部略带稚气的作品对于谢林的哲学发展的主要意义在于，它表明谢林倾向于以自己的以及费希特的见解来解读康德——这一倾向在次年（1795 年）出版的一部篇幅稍长的论著《论自我作为哲学的本原》(*The I as Principle of Philosophy*)中得到更明显的体现。

通过出版这部论著，谢林一举奠定了其作为哲学作家的地位，尽管他还不能展现出费希特那样的原创性，但至少像费希特一样牢牢握住了《知识学》(*Wissenschaftslehre*)的原则。谢林还熟悉斯宾诺莎和康德的哲学，并能够从容优雅地展现其洞见。在给莱茵霍尔德的一封信中，费希特对谢林在这部作品中展现出的能力深感钦佩，称它是《知识学》的一个注释，并且这部作品对于那些难以理解费希特表述的人来说已经足够清晰易懂了。后来，当谢林走出一条属于自己的独立道路时，费希特开始拒绝承认这位"前信徒"曾经正确理解过他的体系，尽管在这之前谢林曾被假定为这一体系的拥护者。虽然这两种评价相互矛盾，但各自都有一定的道理。尽管这部作品主要是对费希特的哲学作独立阐述，但已经显现出暗示谢林将与费希特产生分歧的明显痕迹，而这种分歧的萌芽就存在于费希特自己身上。正如书名所示，这部作品的目的是要说明，自我或理性是人类知识的至高或无条件的要素。这部作品"将批判哲学的成果追溯到一切知识的终极本原"，并且拒绝被康德体系的框架所约束。毫无疑问，康德的真正原则是未言明的，但他将其哲学中的理论部分和实践部分分离的方式使得他无法看到整体的基础是纯粹或绝

73　对的自我。终极和至高的本原不可能从其他任何东西中推衍得
来，就像斯宾诺莎说的那样，它是"同时揭示出自身和黑暗的
光"。在任何知识的对象中寻找那所有知识的最高本原都是徒劳
的，因为每个对象都只是链条上的一环，因此不可能将所有其
他环节联系在一起。即使是作为假定的知识对象的上帝，也不
能像笛卡尔所认为的那样，为我们提供实在性的根据；因为在
找到所有知识的最高条件之前，我们无法确立上帝的实在性，
甚至在知识的主体中也无法找到我们所寻求的本原，因为正如
对象只有在与主体的对立和关联中才存在，主体也只存在于与
对象的对立和关联中。不仅如此，只有在同样成为知识的对象
后，主体自身才是可知的，由此主体也是受限的。因此，最高
本原既不是主体也不是客体，而是那个作为两者的条件的东西；
它是纯粹的或绝对的自我，永远不会成为知识的客体，而是在
其自身中并通过自身来确立其实在。这个绝对的自我既然不是
外感官的对象，就不能够被思维，而只能够被直观和沉思，费
74　希特把这种能力恰当地命名为"理智直观"。绝对自我一刻也不
能与自我意识或经验自我混谈，它是绝对自由的，因为那必定
自由的东西不仅独立于一切可能的实在，并且同时也是一切可
能的实在的条件。关于"自我"，我们不能说我们有直接的认识
或意识，因为意识意味着主客体的对立，或者更确切地说，与
非我或自然世界的对抗，而非我或自然世界永远都有可能将自
我卷入其永不停歇的变化之流当中。无限的自我凌驾于一切纷
争和变化之上，它是一个绝对的统一体或自我同一体，同时排
除了数目意义上的多和一。它是所有可能的实在性的根源，如

同斯宾诺莎的绝对实体一样，它是无限、不可分且不变的。然而无限自我，即绝对的力，是有限自我和有限对象相关联的条件，对它们而言，无限自我显现为命令，因此与其说它是（be）自我同一的，不如说它成为（become）与自我同一。在绝对自我中，可能性和现实性是完全同一的，但有限自我必须通过缓慢且痛苦的步骤将潜在其中的东西变成现实，因此对有限自我来说，绝对自我是一个有待实现的理想。人类有可能趋近于这一理想，只是因为人类就本性而言是与绝对自我同一的，这就构成人类的实践自由；但由于自然界与作为有限存在的人类相对立，绝对自由就表现为对他所处的自然限制的超越，或者说，作为有限者的人类对无限理性强加给他的道德律的服从。人类在道德上的每一次进步都超越了其有限本性的直接限制，并且人类作为理性存在物的生命就在于这种对客观世界的部分否定中——这世界与他相对立，并与他的理想自我无关。在对完全自由的永恒趋近中，道德与幸福在理念中得到调和；而在自然与道德的这种前定和谐中蕴涵着调和自然机械论与理性合目的性的可能性。自然并非理性的纯然的他者，而是从（from）理性中获得其实在性，因此，当我们遵行理性的法则时，我们不会发现自己与自然绝对地不和谐。

这个哲学体系的大纲是费希特式的，但其中弥漫的氛围却明显不同，尽管对于没有读过这篇论文的人来说，弄清它与《知识学》的差异是不容易的，但一个显著的差别是，费希特默认了绝对自我和有限自我的对立，而谢林却清晰且强烈地凸显了这一对立。谓词被应用于绝对自我，这就使我们清楚地看到，在某种意义上，所有独立的个体都只是理性的样式，理性在其中（in）显现自身但又不同于它们。特别是，在将那些斯宾诺莎用于谓述绝对实体（斯宾诺莎称之为上帝）的谓词来谓述绝对自我时，这一点显得格外明显。尽管谢林仍坚持将绝对自我称为自我意识的存在物的总体，但至少可以说，谢林对于主体与客体的绝对同一性的论断既符合他的晚期思想也符合费希特的哲学思想。而谢林超越费希特的主观唯心论倾向的另一表现是，谢林坚持主体与客体的协调。尽管谢林像费希特一样强烈反对在认识对象之后有"物自体"存在，但谢林更加强调客体与主体的对立，并在绝对自我中寻求能够调和两者的统一体。最高本原之所以不能在有限的自我中找到，主要原因是后者仅作为关于对象的意识存在，而这种意识包含差异，也就必然包含限制。如果我们顺着这个思路走下去，显然会得出这样的结论：应当在一种抽象的同一性中寻找真正的绝对者，这种同一性排除了一切确定性，因此它与斯宾诺莎的绝对实体或近代英国哲学的不可知者相近。当然，谢林的本意远非如此，他的学说包含一个与之截然不同的本原，但毫无疑问的是，在这里我们已经把握到谢林之后将要发展的理论的萌芽，即应当在主体与客体的完全无差异中寻找真正的绝对者。最后，我们可以注意到，在这篇论文中谢林已经展现出一种倾向，他将世界看作朝向某一终点运动的或显现出无意识理性的存在，这种倾向是他在研究康德的《判断力批判》时所把握到的。并且不久后谢林就会进一步发挥，不仅像在这里一样将这一倾向应用于人类，将人类视作一种与其所处的世界毫无关联的道德的存在物，而且应用于自然本身的规定性，将这一规定性视作自然通过不同形式的上升，每一种形式都是既包含又超越自然本身的规定性的预兆。

同年（1795年），谢林出版了《关于独断主义和批判主义的哲学书信》（*Philosophical Letters on Dogmatism and Criticism*），没有什么作品能超越这部作品中展现出的力量与优雅，它可以被视作谢林狂飙突进时期的代表作。谢林在此考察了独断主义和批判主义对"客观"上帝的独立实存的影响。这部作品意在驳斥那些康德的正统追随者，谢林认为，他们正试图将批判哲学转变为一种独断论，并且与康德试图使人类的心灵所摆脱的那种独断论相比更恶劣。康德思辨的结果表明，理论理性由于自身的固有缺陷而不能构想上帝，而实践理性则迫使我们假定上帝的实存为一个"公设"，由此来确立道德的绝对性以及提供遵从道德的动机。谢林认为，这种将道德建立在纯粹假设之上的做法既不是康德式的，也不是合乎理性的。上帝被设想为全然外在于世界的存在，并且是依照人类的形象塑造的。他同时是第一因和道德的主宰。如何能够证明这样一个存在者的实存呢？有人说，"理论理性由于其必然的局限性而永远无法形成任何关于上帝的概念"。在此我们无须争论字眼，如果不能通过理论理性"构想"上帝，那我们至少必须"相信"或"假定"他实存。那么应该如何证明这种信念或假设呢？诚然，我们可以认为通过"实践需要"能够确立上帝的实在性，但是如果"需要"能够决定任何事情，那为什么理论需求不能像实践需求一样有效呢？如果上帝的实存仅仅是一种假设，那么它就不可能承受多大的"压力"。如果说实践需求比理论需求重要得多，那么答案就是，我们的需要不能够真正确立那个被假定为不可知的存在者的实在性。因而所谓的"实践需要"就变成一种未经批判的信念——因而这一信念显然归属于理论理性，但理论理性正因其缺陷才需要假定这一信念。抛开这一异议不谈，如何证明第一因即是道德的主宰呢？据说，"道德律的事实证明了一个绝对存在者的实存，并且，如果那个存在者的意志与道德律不符，那么人类就不可能拥有自由"。但如果这种从人类的自由向上推及上帝的实存的方式是合法的，那么其他人为什么不能够从上帝的实存向下推出对人类自由的否定呢？如果绝对因存在着，那么人类怎么可能是自由的？批判主义的拥护者是纯粹的独断论者。谢林怒斥道："有这样一种所谓的哲学，其要旨是当理性太弱而无法构想上帝时，人只有通过假定一个奖罚分明的存在者的实存才能够合乎道德地行动。难道还有比这样一种所谓的哲学所展现出的景象更为可怜的吗？"轻轻一吹就可以使这座纸牌搭建的城堡轰然倒塌。理性真正的弱点不在于它无法认识客观的上帝，而在于它假定了存在着这样一个上帝有待去认识。《纯粹理性批判》不应由于其无能诠释者的愚蠢之举而遭受指责，但它确实为这些人提供了契机，因为它仅是对于认知能力的批判，并因此从主客体的对立出发来展开。《纯粹理性批判》开头的问题是，我们如何形成综合判断？也许可以这样表达，对立是如何通过超越绝对者而产生的？尽管综合只有通过一种与多样性对立的原初统一性才可能实现，但《纯粹理性批判》无法达到这种统一性，因为它的前提是将主客体的对立作为事实。这一观点的缺陷在于，知识似乎不再归属于理智的本质，而成了独立的主体所特有的东西。《纯粹理性批判》最多可以说明的是独断论在理论上没有证明的能力，而只要我们还停留在知识的视角上，独断论就无法被推翻。毫无疑问，主体只有通过综合的方式才有可能获得对客观世界的知识，因此客体必然处在与主体的关联当中。但这只能证明，在有条件的或受限的实存的范围内，即主客体对立的范围内，不可能存在脱离与主体的关联的客体；这与那个将主体和客体合二为一的无条件者或绝对者毫不相干。所有的综合都必须以正论结束。这个正论是什么？我们寻找的是那个超出主客体差异的存在者，因而要么是（a）一个绝对的主体，要么是（b）一个绝对的客体。但正因为理论理性只适用于主客体对立的领域，因而它不能给这个问题提供任何答案。因此，只要独断主义和批判主义仍然停留在"知识"的领域，那么像斯宾诺莎那里存在的完全的独断主义就不可能被批判主义所驳倒。二者的斗争也就必然被带入实践的领域并在此决断。如果认为客体最终必须被主体所吞没，换句话说，主客体的绝对同一性是人类发展的目标，那么批判主义和独断主义最终都会导向狂热。否定客体和否定主体从根本上来说是一样的，因为在这两种情况中个体性都会消失。唯一的区别在于批判主义是从主体的直接同一性出发进而统一主体和客体的；而独断主义则反其道而行之。前者认为在道德中主体是自我决断的，并将道德和幸福的综合视作目标；后者则是从幸福或主体与客观世界的和谐出发来寻求道德。在这两种方式里，道德和幸福都是不同的原则，因而只要个体处在通往其目标的道路上，二者就只能分别作为根据和结果并通过综合统一在一起。如果目标已经达到，

82

那么差异就会在绝对的存在或至福中消失。因此自由和必然必须在绝对者中得到统一；仅受制于自己的意志既是自由的也是必然的；自由是因为它只遵从它自身的存在的法则，必然是因为它在遵从自身时也就受到法则的制约。因此，如果批判主义要彻底摆脱独断主义，就必须否认主体与客体、道德与幸福以及自由与必然的绝对同一对人类而言是可能的。这种同一不是一种能够被实现的东西，而是一个无限的问题；它不是有待被认识（known）的东西，而是有待被实践（be done）的东西。因此，有意识的生命是一种追求主体与客体的和谐一致、实现无条件的活动的无限努力。如果目标实现了，那么道德生活也就消失了。因此，批判主义的命令是，"努力追求无条件的自由、无限的活动，努力将自身塑造为神"。人们必须在关于"客观"上帝的独断假定和对人格的批判性证明中做出选择，其中一个必须被放弃。一个民族越是沉溺于对遥远超感官世界的幻梦，它对此岸的道德热情就越低沉。不是理性的缺陷，而是其力量将它与超感官世界所隔绝；真正的批判主义在人类胸中怀有的神圣理念里找到了人类自由的秘密，此时此刻，人类正尽其所能来实现这一理念。

　　在上文所概述的这部著作中，谢林超出费希特的主要部分在于，谢林认为除非在实践理性的领域内，否则独断主义就不可能被批判主义所驳倒——这一观点预示了谢林之后对精神哲学和自然哲学的协调。大约在同一时间，谢林又发表了另一部作品《对自然法的新演绎》（*New Deduction of Natural Rights*）。在1796至1797年间，谢林又在费希特和尼特哈默（Niethammer）的杂志上发表了四篇系列文章，旨在对《知识学》中的唯心论内容进行阐释。这组文章为谢林的学徒生涯画上了句号，甚至可以说明确无疑地表明了他即将成为一位哲学领域的大师。

在这组文章的第一篇中，谢林试图说明那些对康德的寻常解释完全误解了康德的真实意图。康德认为，其他所有知识的价值和实在性都来自直观。当康德提及"物自体"时，他并不是指那些独立于认识而实存、作用于认知主体并产生感官刺激的东西。对康德而言，除去直观的原初综合所给予的客体外，不存在其他的客体。当他把空间和时间视作直观的"形式"时，并不是将其视作心灵中现成的空模具，而只是认为它们是直观中想象力的综合行动在主动将客体关联起来时所依据的最一般形式。这些行动的形式并不向我们呈现对象，但它们是我们向自身呈现对象的必要条件，并且两种行动中的任何一个都不能脱离另一个而存在。无时间的空间是无限制的领域，无空间的时间是无领域的限制。作为纯限制的时间是否定的，作为领域或广延的空间仅是原初肯定的，因此只有通过两种对立行动的协调，直观才是有可能的。将这两者结合到自身内的能力即是想象力。实在的客体之所以被视作独立于心灵活动，是因为在心灵的生产行动之后，紧接着出现了一种想象力的特殊行动，即在其纯形式的一面重复着原初行动，由此就产生了浮现于时空中的普遍客体的轮廓或"图型"。康德将这种图型从知性概念中分离出来，好像两者是相互独立的；尽管在思辨中它们可能是有所区别的，但在现实的认识活动中它们总是共同运作，并且只有当客体与图型相互对立时，才会产生出实在的客体存在于心灵之外并独立于心灵的信念。因此，自然界由一系列的行动构成，在这些行动中，理智担当生产和繁殖的功用，向着完全的自我意识发展。

在明确指出错误的来源之前，任何错误都不可能被彻底消灭；因此谢林在第二篇文章中，继续说明康德主义者是怎样严重歪曲了这位大师的思想。在我们的实际知识中，知识的形式和质料是不可分割地结合在一起的，但哲学必须先假设性地破除这种统一性，才能够解释这种统一性。问题在于，如何解释客体与理念、存在与知识之间的绝对和谐。现在，当我们通过哲学分析将客体视作外在于我们的东西，并将其与我们对它的认识对立起来的时候，二者之间似乎不可能有直接的结合，因此我们尝试在因果概念中找到一个连接点，即将客体视作我们对它的表象的原因。但这样一种概念并不可能解释主体与客体的统一性，因为客体作为超出认知的东西不可能真正被认识。要解决这个难题就必须表明，认知主体不必去把握异于自身的东西，而是在所有的知识中都只是在认识自己。一方面，现在一个有自我意识的存在者只知道它自身是活动着的，因此有意识的生命是一个永恒的进程(process)，在其中理智显现其原初的无限性。另一方面，理智只有以确定的方式限制自身或使自身有限时，才能够成为自身的对象。因此就本质而言，理性是有限和无限的统一体。因此直观意味着两种相反的行动。出于对自身的限制，有自我意识的存在者既是主动的也是被动的。现在被动是一种纯然的否定活动，因为绝对的被动存在者将是一种纯否定。直观的对象因此不是一种独立于理智的客体，而是理智自身就既是主动的也是被动的。然而理智却不能在同一活动中直观自身，也不能在自身中区别出自身：因为在直观中并没有显现出直观与直观对象的差异。但凭借其自由，有着自我意识的存在者能够从作为直观的自身中抽离出来，这种抽离已经被描述为一种将注意力集中于直观的普遍过程的能力；由此就产生了对于对象的意识，而这一意识的起源是超出意识的，因此无法从意识的角度进行解释。此外，对于客体的意识只有在与自由的活动相对立时才是可能的，而对自由的活动的意识与客体相对立，因此对那些仍然停留在意识的视角的人来说，人好像是一半必然、一半自由的存在。由此我们就可以理解，康德主义者是如何将认识的"形式"视作来自我们自身的，将"质料"视作来自外界的。

　　谢林在第三篇文章中继续说道，如果我们的知识想要具有实在性，就必须建立在某种不是由概念和推理的方式获得、而是像我们自身的实存一样直接确定的东西之上。但那与灵魂不同的东西怎么会与我们的内在本性如此紧密地连接在一起，以至于不否认自我意识的话就不能否认它呢？所有试图回答这个问题的错误尝试都假定我们必须从概念或中介性知识出发。直观中的直接知识这一事实并没有被否认，但有人说这种知识是由于外部事物对我们的作用而产生的。但是，（1）这一假设至多能够解释感觉而非直观，至多能够解释对客体的印象的接受，而不能解释对客体的直接认知；因此，直观至少必须被视作一种自由的行动。（2）由于原因在时间上必须先行于结果，因此物自体必须在我们觉察到它之前发挥作用，由此就导致了双重时

88

89　间序列的荒谬假设。(3)在直观中，客体和理念是同一的，而假定的物自体却必须与直观分离——这种观点是一切怀疑主义的基础，历史可以证明这一点。与此相反的观点认为，不存在独立于直观之外的客体；理智是一种返回自身的活动，并且为了返回自身(into itself)，它必须先走出自身(out from itself)。精神的本质就是直观自身。这种自我直观的倾向是无限的，而它的永恒性就在它自身的这种无限再生中。精神必须努力在其对立的活动中沉思自身，而这只有通过把它们呈现为共同的产物，即通过使它们永久化才能够做到。因此，从意识的角度看，这些对立的活动显现为静止的状态，或者说显现为在对立中作用于内部的阻碍的力(forces)。物质只是精神在其沉思的平衡状态下的产物。这种共同的产物必然是有限的，精神在生产行动中意识到它的有限性。这种有限性的根据不可能在于它现在的行为，因为它现在的行为是完全自由的，因此在这种行为中，它并没有限制自身，而是发现或觉察到自身受到了限制。精神作为其自由的行为的产物，被认作空间中的量，其限制则被认作

90　时间中的量。由此产生了外感官和内感官的区别，前者仅是后者的受限形式。在精神看来，其产物的被限制是偶然的；在其产物的领域，精神仅仅直观到自己的活动方式是本质的、必然的或实质性的。但精神是成为自身对象、在有限者中呈现无限者的无限趋势。所有行为的目标都是自我意识，并且这些行为的历史即自我意识的历史。因此，只有当我们达到完全的自我意识这一目标时，哲学的任务才能够完成。这种自我意识就是意志(will)，在意志中理论理性和实践理性聚合在一起。通过将

我们从我们的表象中解放并使它们远离我们，我们就能够解释它们，并且将理论自我和实践自我结合起来。因此我们就得到了作为自由的本原的自我，以此为开端，我们可以看到精神和自然一同出现。

　　本书并不打算对谢林的自然哲学做任何详尽的阐述，但为了正确理解《先验唯心论体系》，有必要对其原理和主要立场做一些了解。我们已经看到，谢林即使在借用和吸收费希特思想时，也仍然表现出一种想要回到康德的明确倾向。在我们将要 *91* 讨论的谢林哲学的这一部分中，这一倾向显现得更为清晰。不是费希特的《知识学》，而是康德的《自然科学的形而上学基础》（*Metaphysische Anfangsgründe der Naturwissenschaft*）以及《判断力批判》构成谢林的自然哲学的起点。在前一部著作中，康德已经在试图说明，物质必须被分解为两种最根本的力——引力和斥力——而不是被分解为一些不可分割的物质单位，通过两种力的互相关联，占据空间或在空间中移动的物质的一切现象也许都能得到解释。在后一部著作中，康德指出，只有当我们将有机体视作源自同我们的理智相类似的理智时，有机体的特质才可能被我们理解。谢林试图说明，必须在考虑这两部作品所涉及的问题的前提下理解其中的基本理念，并将其结合为一种真正的自然哲学。并且正如费希特拒绝承认在我们已知的心灵之外有其他任何实体性的心灵存在，谢林同样反对用区别于世界并外在于世界运作的理智的"超验"的原则，去解释整个自然界 *92* 特别是有机体所展现出的为达到目的而对手段的应用。

　　1797 年，《一种自然哲学的理念》（*Ideas for a Philosophy of*

Nature)问世，谢林在书中努力将费希特哲学的主要原则同自然哲学联系起来，而谢林所考量的自然哲学的大体框架是与康德的自然哲学相同的。康德用纯粹分析的方法证明，物质意味着存在两种相对立的力。谢林的目的是从直观的本性中推导出这两种力，并用同样的方式来解释自然界中的种种现象。上文已经部分解释了推导的方式。所有的实在性或客观性都意味着意识中某种东西的在场，而这种东西的第一起源必须在无意识的或无反思的生产行动中去寻找。理智，就其本性而言是有限的，它限制了自己的生产力，并将那包含独立客体的显象的东西呈现给自身。起初，这客体只是纯粹抽象的"我们并不认识的东西"，因此需要更明确的描述。这种对实在的进一步定义是自然哲学的任务，因此与先验哲学有关，或者说是先验哲学的一个附属或应用部分，就像费希特哲学体系中的法哲学和伦理学一样。物质的首要和根本的规定来自力的概念，它将自身具体化为引力和斥力，分别对应直观中隐含的客观和主观活动。前一个活动是返回自我，打个比方就是聚集为一点，这就是时间；后一个活动是不断地向各个方向发展，这就是空间。因此物质可以被定义为引力和斥力在时空中的产物。我们决不能认为，在这些力之外还有相互外在的物质性的存在：力不是物质的属性，而是其真正的本质，正如无限活动和有限活动不是以理智为基础的属性，而是与理智同一。但是，由于物质具有确定的特殊形式，我们必须证明这些形式与刚刚得出的物质的轮廓或图型是一致的。很容易从两种力的关系中得出内聚性的各种状态，例如坚固性、流动性等，但当我们考虑物质的质性（qualita-

tive)时，就会遇到更多的困难。在感觉中，我们发现自己在质性上是被规定的。对于客体而言，规定是偶然的(contingent)，客 94
体本身是必然的(necessary)。这个必然的客体作为两种力的产物，是纯量性或仅在时空中被规定的，但如果加上情感因素的限定，客体的普遍概念就变成个别的或确定的。质确实不能被还原为量，但所有的质都取决于基本的力的强度。

我们不必追随谢林，像他那样尝试将各种物理现象还原为二元的统一体；我们只需要知道，谢林从对燃烧的思考开始，先后考虑了光、空气、电、磁和热能。更为重要的是谢林对生命的思考，这与康德关于有机体的概念密切相关，因为有机体的特点是手段和目的的统一。生命是个体化的过程，意味着对平衡的不断复归，而化学过程往往会破坏这一平衡。因此，在生命体中，整体决定部分，并且每一部分既是因也是果。因此，就生命体而言，我们不得不假设在目的和手段之间存在着内在的适应性，而不仅仅是机械的因果关系。

《一种自然哲学的理念》展现出一种双重倾向：一种是统一， 95
另一种是特殊化；但总的来说，后一种占据上风。在1798年出版的《论世界灵魂》(*On the World Soul*)中，前一种倾向则更加明显，谢林主要在寻找的是，一种能够将整个自然界还原为统一体的本原。这一本原不能在任何先验的或超自然的领域中寻找(无论被称为上帝还是宿命)，而应当在自然本身中寻找。谢林似乎是在作为相反的力的统一体的物质概念中寻找到了这一本原，因此他自然而然地试图将自然界中一切不同现象，还原为那种总是在对立的方向显现自身的力的单一本原。因此我们不能再将自然划分为不同的现象类，其中每一类现象都具有一种特殊的力——例如机械力、化学力、电力、生命力——而必须在所有的现象中看到以不同形式存在的同一种力，在二元性中看到同一种统一性。即使是乍看起来绝对的有机物和无机物的区分，要与所有自然现象的最终统一性相协调，也必须被视作相对的。当然，谢林的意思并不是说，从历史的角度来看，所有从无机物到有机物的转变都曾经发生过。但应该注意到，那些像赫伯特·斯宾塞先生一样从力的概念中发现秩序和统一的原则的人，并不比谢林更认为有必要通过建立所谓的"力的持存"概念来证明遗传发育：这两种观点实际上是截然不同的，并且可能互不关联。因此，当谢林将力的理念视作自然的最高本原时，显然已经将这个概念的纯粹机械内涵剥离了，从而使其与作为自我行动的永恒过程或显现的自然之理念完全一致。这种自我行动有两个方向，一个是向前的或肯定的，另一个是向后的或否定的。当这两种从属同一原则而在逻辑上可分的行动被视为一体时，我们就得到了自然固有的单一原则的概念，它是自然界的有机统一体的来源。因此，谢林从柏拉图那里借用来的并不是那么恰当的"世界灵魂"术语并不意味着比自然的统一性更多的东西。

在 1799 年出版的《自然哲学体系最初方案》(*First Outline of the Philosophy of Nature*)中谢林开始以更系统的方式去阐发他在《世界灵魂》中提出的本原，并尝试通过对物理科学成果的研究来证明这一本原。根据知识科学的最高本原，他将这一本原解释为纯粹的行动。自然不仅仅是产物——它既是生产者也是产物。正如同自我既是无限的也是有限的，既是无限制的也是有限制的一样，自然也必须被视作自我限制的无限生产力，因而在本质上相同但表现为在相反的两种行动中显现自身。因此，自然界的每一确定的或特殊的产物都是这两种力量和方向协作的结果。正如前一篇文章已经指出的那样，二元性是所有自然现象的条件，而现在二元性则是从生产性的自然理念中得出的。自然是一种无限的自我行动，它在有限者中实现自身，并且在实现的过程中并没有穷尽自身。因此它用于显现自身的各种形式都只是表面的产物或完成的结果；实际上，自然是一个不断实现自身的永恒过程，但又永远不会完全实现，就像在自我意识的领域中，实践理性包含着对一个永远无法实现的理念目标的永恒追求。

第四章　先验唯心论的问题

　　回顾谢林早期的发展阶段，正如前一章所匆匆刻画的那样，我们可以看到他逐渐超越了自己最初的立场。谢林甚至比费希特更强烈地反对任何独立于人和自然的"客观"上帝，并将其视作荒谬且不可理解的，此外谢林还尝试完全从其自身出发来对人和自然进行解释。但正如我们所看到的那样，在对处于绝对自我形式中的人类理智的思考中，被拒绝视为上帝的无条件者逐渐浮现出来，这个无条件者在一切知识中都被预设为前提，但它却不是一种个别主体的知识。尽管谢林比费希特更加倾向于将绝对者同有限自我区分开，但他还没有准备好说明前者是脱离有限自我的意识的存在；换句话说，绝对者仅是人类知识的最高形式。然而，谢林隐约意识到，这种主观唯心主义并不

是一种对于实在和知识的统一体的完全令人满意的解释，因此谢林努力尝试在自然的概念中寻找一种出路来摆脱他从费希特那里接受的片面理论，自然是自我行动的，并通过各个阶段上升到有机的且有理智的存在物。康德在《判断力批判》和他的自然哲学中提出了这种摆脱的途径。但如果作为个体的人一方面与绝对自我关联，另一方面又与自然关联（他是自然的最高显现形式之一），谢林自然而然地会认为知识科学只是看待宇宙整体的视角之一，另一种视角则包含在自然哲学中。自从谢林实现

了"向自然的突破"以来，他的思想就在逐渐向这一结论靠拢。起初，他仅仅将自然哲学视作把知识论的结论应用到外部现象上去；但之后谢林得出结论说，每一种哲学都是通过不同的途径达到同一目的，因此它们是哲学的并列分支。显然，这样一种观点并不是最终的结论；因为如果哲学要成为唯一的体系，就必须有某种本原将这些并列的部分联系起来，而这种本原必 *100*须能够将理智和自然还原为高于二者的本原的统一体。这一观点在晚期谢林哲学中变得十分明显，但在我们现在所关注的时期，谢林满足于协调两者，而不是寻求能够结合两者的统一体。这就是《先验唯心论体系》的主要观点，我们现在必须对其进行细致的考察。

谢林首先区分了先验唯心论和自然哲学。所有哲学的目的都是解释主体与客体的和谐，只有这种和谐才能使知识成为可能，但这种和谐起初只是一种非理性的信念。自然并非独立于一切理智的客体，而是构成认知主体的一整系列行动的客体的总和，因而是有别于理智的。由于理智和自然都不是独立存在，因此哲学可以从其中任何一个出发。一方面，当哲学以自然为开端时，问题在于解释自然如何成为理智的对象；另一方面，当理智作为开端时，问题在于理智如何能够拥有一个与之和谐的客观世界。对于第一个问题的回答构成自然哲学的内容，这 *101*一内容包括展示自然可能经历的各个理念阶段，直到最终形成人类，或者说构成人类本质的理性。要解决第二个问题，需要从理智的本性中推导出可知的客体世界，这是先验唯心论所必须要解决的问题。

　　要想更清楚地了解《先验唯心论体系》是如何考虑哲学问题的，也许最简单的方法就是简要地陈述谢林与费希特一致的对独断论的反驳。简而言之，哲学独断论就是这样一种思维态度，实存被设想为由独立于思考它的理智的一切活动而构成。独断论假定有一个实在的世界，其中所有的关联都是事物的属性或影响，完全不依赖心灵认知的任何构成性活动。并且无论被假定为独立事物的实存是自然的外部世界还是心灵的内部世界，抑或超感官的上帝，独断论都同样是独断的。除了独断的实在论，还有独断的唯心论和唯灵论。后者对待心灵和上帝的方式就像前者对待外物的方式一样——将其视作一个有待观察的事物，或诸对象中的一个。两者都忽略了回顾理智所特有的自发活动，而这种活动正是解释现实知识的真正且唯一的线索。真正哲学的原初本原应当承认理智是自我行动的，并且只有依据这种自我行动，作为实存的知识的经验才可能得到解释。只要我们假设理智在已知对象的构成中无足轻重，那么哲学就只能通过扮演诡辩家来解释可知的世界。

102

　　综上所述，哲学的起点必须抽离所有知识的对象本身，将意识的目光投向意识自身。这种最初的抽象活动是哲学家用于寻求使我们获得真正知识的各种因素的手段。尽管这种对所有对象的抽象是找到所有知识的本原的条件，但依靠抽象的概念不能在构建真正的哲学体系上取得任何进展。抽象概念仅是从那些在我们的直接经验中呈现自身的对象中采用的一组共同属性，因此它无法回答关于这些对象的知识的终极条件的问题。真正的解法不在于概念（conception），而在于直观（perception），

103

不是普通意义上的对于可感事物的直接领悟，而是类似于数学家自由构建某个数学图形时所使用的直观。数学直观和哲学直观的区别在于：（1）前者以外感官为对象，后者以内感官为对象；（2）前者将精力倾注于它所建构的对象，后者则将自身限制于建构行为本身。因此数学直观是单一的，而哲学直观是双重的，因为它不仅像数学直观那样自由地生产其对象，同时也思考生产行为本身。因此，哲学研究的过程和艺术的创作过程在某种程度上是相同的；不同之处在于，艺术家在创作的过程中沉浸于他的作品，而哲学家不仅生产他的对象，同时也在生产的行动中思考理智。因此，哲学是一种生产性想象力的审美活动，这需要一种特殊的努力，或许还需要一种特殊的能力。未 *104* 能或者无力完成这一行动的人对于哲学问题不会有什么可说的，而那些由于未能把握的事实而使得记忆过于沉重，或是那些受到早已死去的思辨的影响而毁坏了所有想象力的人将会彻底失去这一审美的能力，这并不意外。

　　看上去建立在理智直观或审美想象力的自由行动之上的哲学一定是纯粹任意的。但这种反对观点忽略了两件事：首先，理智直观的对象是意识自身，因此必然是实在的；其次，哲学像其他科学一样，必须通过成功地解释它所要解释的东西才能证明自己是正确的。对于第一点，很显然，如果没有理智活动我们不可能进行认识，并且这一行动可能成为哲学思考的对象。现在，如果能够证明这一行动以另一行动为前提，而另一行动又以第三种行动为前提，依此类推，直到我们穷尽第一种行动所蕴含的所有行动；并且如果由此产生的一整系列行动被表明

能够与我们的全部知识完全吻合，且能够解释我们的全部知识，
105 那么我们就可以得出这样的结论：起初看上去是任意的创造物，
实际上是对世界为我们建立起来的必然过程的说明。这种方式
还有一个好处是可以展示知识的所有要素的系统关联和相互依
存关系。正如要完全了解机器的任何部分就必须了解所有其他
部分以及它们之间的关系一样；正如要认识生命体的任何器官
就必须认识它相对于所有其他器官的功能一样——要彻底理解
哲学的第一本原，就必须理解它以之为前提和以它为前提的其
他本原。

　　我们所要解决的问题意味着，必须要有且仅有一个第一本
原。这个问题就是要系统地展示现实知识中所隐含的所有必要
行动。现在，哲学不可能有一个体系(system)是靠随意猜测，把
一些彼此没有有机关联的部分拼凑在一起得来的；除非所研究
的对象的本性中存在某种东西，使我们只能以一种确定的方式
106 进行研究，否则就不可能存在有机的联系。但是如果我们要通
过这样一种必然的方式进行研究，那么我们就必须从一个单一
本原出发，否则就会有两套甚至更多互不相干的体系，并且这
一本原必须是一个我们无法再超越的最高本原，因为其他所有
的本原都是从这一个本原中衍生出来的。

　　无需多言，让我们直接说明先验唯心论的最高本原是什么。
为了得到它，我们必须从所有内在和外在的知识对象中抽离出
来，并且把我们在抽象过程中产生的纯粹活动呈现在我们的头
脑当中。这种呈现给理智直观或沉思的对象就是纯粹的自我行
动——一种心灵的返回自身或成为自己的对象的行动。哲学家

通过审美想象力的自由行动来呈现在自己面前的活动即是纯粹的自我意识——对于意识的意识。在这种纯粹的行动中，我们必须仔细区分经验意识和作为特殊个体的自我意识。在经验意识中，我们的对象不是意识活动本身，相反，意识总是指向某些永恒变化的对象，这些对象无论属于外部世界还是内部世界，至少都是非主体性的。简而言之，经验意识不是意识返回自身的反思行为，而是一种超出自身并将自身集中于某个非自身的对象的行为。同样地，纯粹的自我意识不能等同于作为人的自我意识；因为这种意识包含着众多的差异，通过这些差异，个体将自身视作具有特定性格和品性的人，并同其他具有不同性格和品性的人相对比。纯粹的自我意识是一种绝对的纯粹行为，在这种行为中不存在任何内容，而是一种回归自身的纯粹活动。

107

哲学家自由地产生了纯粹的自我意识，并且在产生自我意识的过程中，在精神中记录了他所思考的东西。但是，现在我们必须追问，这种纯粹的自我返回的活动与知识有关吗？如何证明它是知识的本原，特别是，如何证明它是知识的最高本原？显然，我们不可能通过参照任何高于它本身的本原来证明作为一切知识的最终条件的本原；我们所能做的只是去表明，除非承认这一本原，否则就不可能存在任何知识。可以通过各种方法来说明这一点，但最简单、最直接的方法是最好的。虽然在一个声称要阐明一切知识的根据的体系中，我们无权一开始就假定意识中的任一命题都是客观真实的，但是我们至少有权假定意识证明了自己——在意识中的东西实际上就在意识中。甚至怀疑论者也必须接受这一假设，因为他至少理所当然地将他

108

把对一切真实知识的否定当作意识中的事实。那么就让他的否定成为我们的起始命题。假设"不存在任何实在知识"这一命题存在于意识之中，并且我们可以用公式 A＝A 来表示。除表明 A 在意识中出现外，我们并没有表明 A 在任何情况下为真，而只是说，如果 A 为真，那么 A 为真。因此，这个命题是纯粹分析的：除了包含在主词中的内容，在谓词中没有任何东西被断言。从这种命题中无法提取任何的知识，因为它是纯粹假设的。但是，我们可以证明，这一命题以一个综合行为为前提，没有这一行为，它甚至都无法进入意识当中。因为 A 要进入意识中，就必须被意识的某种行动（act）置于意识当中，并且要被认为是与它自身同一的，这种将 A 置于意识中的行动必须被思考；换句话说，意识必须返回自身或成为自身的客体，这就是自我意识。因此，在对一个同一命题的纯粹意识当中隐含着一个综合行动。自我意识指向的纯粹活动是一种原初行动，因为在自我意识之前它并不实存；换句话说，自我并不是一个已知的客体，而是一种纯粹活动，没有这一活动就没有自我。因此，尽管我们仍可以怀疑是否存在任何实在的客体，但是我们无法怀疑自我意识的行动的实在性。由此我们就确立了一个绝对无法怀疑的命题，并可以继续追问它是否预设了与它自身同样确定的任何其他命题为前提，尽管这些命题显然关联并依赖于它。

上文所确立的命题是哲学所有分支共有的基本命题。它不仅仅是知识的最高条件，同样也是行动的最高条件。同时，假设对于客体的认识以及意志是可能的，那么显然两者都以上述基础命题为前提。脱离意识就不可能有任何对事物的认识，并且正如已经证明的那样，离开我们称之为自我意识的自我活动也就不可能有意识，也就不可能有任何不存在于意识之中的意志，因此也就不可能有任何意志不是自我意识使之可能，并且只有自我意识能够使得意志可能。尚且不能确定是否有脱离意识的客体存在，但我们至少可以确定的是，如果存在这样的客体，那么它们对意识来说是无。

　　毋庸置疑，关于自我意识的"自我"是"物自体"还是现象的问题是毫无意义的。把"自我"称作"物自体"就是假定"自我"并非为我而存在，这就像假定"自我"先于其自身的存在而实存一样荒谬。将"自我"称作现象是在断言"自我"是意识的一个对象，而不是一种最初的活动，没有这种活动意识就不可能存在。"自我"是一种纯粹的活动，它只能被定义为不是客体的东西，因此不能被称作存在者，而只能说它是返回自身的纯粹活动。

　　自我意识的纯粹活动已经被证明是意识的必要前提。但意识在自身内包含着某种客体的存在，意识和它的关系是限制性的或确定性的。所有意识都是对某物的意识，因此就产生了这样一个问题：关联于客体的意识与作为纯粹自我意识的关系是什么？独断论者假定有一个实在的客体独立于意识而存在，并且这个客体限定或规定着意识。这样一种解释其实什么都没有说明。问题在于，客体是怎样成为已知的，并且说它是独立于认知而实存是无法解释的。这样一种未知且不可知的物自体，不管它是否实存，至少对于认知来说是绝对的无。必须根据知识的最高本原来解释意识对于客体的限制，正如我们已经看到的那样，知识的最高本原是作为纯粹活动的自我意识。因此，意识的对象必须是与这种活动相关联的东西，换句话说，对象必须是理智对于自身的限制。因此，作为活动的自我意识意味着自我与非我的对立，与限制或界定着自我意识的纯粹活动的那种活动的对立。"自我"只有在与非我的对立中才能意识到自身。同时，这个非我或限制是由它自身设定的，因此它在限制自身时意识到限制就是它自身。因此，限制是它自身所设定的，它可以凭借自我活动来消除这个限制。因此，"自我"是一个不断设定限制和不断移除限制的过程。从一方面来说，只有当理智是受限的时它才能是无限的；从另一方面来说，只有当理智是无限的时它才能是受限的。这两方面分别对应于理论哲学和实践哲学。在前者中，限制是理念，或者说限制仅是为我的；在后者中，限制是实在，或者说是与自我相对立的。

　　现在，在我们面前有两种理智行动，一种是作为纯粹活动的自我意识，另一种是作为对这一活动的限制的非我意识。但由于两者共存于同一意识当中，因而必须在一种与这两种意识都不相同的行动当中结合。这是一种综合行动，因为自我和非我都必须存在于其中。因此，在这里我们完成了一切意识中所预设的三位一体的行为。然而，我们和现实知识的错综复杂之处还相去甚远；因此，我们必须以这一综合行动为出发点，进而发展出知识中所蕴含的一整系列行动。然而，我们并不能够呈现出一整系列行动，而只能止步于阐述知识的主要阶段。

　　先验唯心论的第一部分试图在与自我意识的综合统一保持一致的情况下，阐明共同意识的预设，即在我们之外存在着某些客体，它们由我们创造但并非为我们而创造。独断论者试图

112

113

通过假设(assuming)这些东西的实存，并预设它们从外部作用于意识，来尝试解决这一问题，但这根本行不通。知识的本性拒斥任何这样的解决方法，因为任何知识的条件都是主体与客体经由理智的综合，在这里理智既不是主体也不是客体，而是两者合于其中。换句话说，现实世界中客体的对立必须是一种逻辑上的对立，而不是绝对的分隔。尽管对立似乎是绝对的，并且这种对立的显现是有待解释的，但我们大致可以看出，解决的关键在于说明，在实际上是理智限制自身的情况下，为何却显现为在除最高阶段之外的每一个阶段中都被并非自身的东西所限制。我们知道这种限制并非绝对的而是相对的，但只要主客体的对立仍然存在——也就是说，只要我们还处于意识或知识的阶段——最终的综合就是不可能的。因此，我们必须一方面阐明在知识的每个阶段呈现给主体的客体，另一方面阐明在哲学中处于有利位置的我们所思考的客体。当然，我们必须从主客体的关联在呈现自身时所处的第一种，也是最简单的一种形式出发。知识的连续"时期"或阶段是(1)从感觉到直观，(2)从直观到反思，(3)从反思到意志。

第五章　理论哲学

　　追随费希特所开创的方法，谢林总是从"演绎"意识的每一阶段开始，也就是说，根据所有知识都来自自我限制这一原则来解释它，而且只有在完成这一演绎之后，他才会继续说明演绎的结果和意识的现实情况是一致的。例如我们现在所讨论的这一点，谢林首先说明意识最简单的形式必须是对于限制的直观，在说明这一点后，谢林提醒我们注意，对于限制的直接意识与被称为感觉的认知阶段是相同的。不过，我们最好采用相反的方法：先将感觉描述为一种现实存在的意识阶段，之后再考虑对它的超验解释。

　　（一）知识的第一个阶段是感觉（sensation）。那么什么是感
觉？在感觉中，意识似乎是纯被动的或接受性的；它只是在自身中发现了某种东西，这种东西与它对立，但却被它感知到了。这并不意味着被感知的东西实际上独立于感觉，而仅仅意味着被感知的东西是对于感觉的限制。感觉的质料是某种直接呈现自身的东西，因此必须被领会，而不是可以被自由建构的东西。因此，感觉的内容是与意识格格不入的东西，尽管它存在于意识当中。所有的感觉都是对某种在场的东西的直接意识，而这种东西是不能被建构或消除的，而只能被接受。时钟的声响、火焰的热与红光，都直接呈现于感觉当中，并且只要我在感觉

着，它们就不能被建构或消除，而只能如其所是地被接受。在感觉中，不存在被感觉的东西和与它截然不同的东西的对立，而是感觉与被感觉的东西直接地同一，或者说两者是没有区别的。只要我排除一切反思，将自己沉浸于直接的对象当中，我就是在进行感觉。并非有对某种区别于感觉的客体的思考被当作感觉的原因，而是说主体和客体是直接同一的，正如感觉也将自我概念当作被感觉的东西的来源。

那么，感觉的本质特征就是：（1）它是一种直接的意识或感 *117* 觉；（2）它是一种对必然性的意识或感觉。现在，当我们把意识作为哲学思考的对象时，自然会尝试用物自体或独立的实在对意识的因果作用来进行解释。那伴随着一切感觉的对必然性的感觉，对被感觉的东西的实在性来说是本质的，并且极易与独立于意识而存在的客体的实存相混淆。这就是独断的唯物论者所提出的解决方法。作为行动的客体被认为是作用于意识的，就像一颗台球撞击另一颗一样，据说这样就产生了对非我的东西的意识。现在，即使承认独立物质这一概念能够具有某种意义，对于必然性的感受仍不能够得到解释。一颗台球被另一颗台球带动起来，但它并不具有被作用的意识。唯物论者忽视了这样一种事实，那就是对于必然性的感觉只存在于意识当中。感觉并非一种纯粹限制，而是限制的意识，并且这种意识必然预设着，至少存在意识对于对立物的反应。任何由独立存在的 *118* 物产生的影响都不能被认为会转变为意识的状态。如果意识是一种实存的样态，那么说它受到外部事物的作用可能是正确的；但是，意识并非一种实存的样态，而是一种知识的样态。唯物论者要保持与自身一致，就必须把物质还原为一种纯粹的幻象，并且把心灵和物质视作某种高于两者的存在的效果。

因此，对于感觉的真正解释必须在意识之内而不是之外被找到；也就是说，在感觉中，意识并不是绝对被动的，因为被动性意味着某种有别于意识的东西具有独立的实在性和活动性。然而，在感觉中确实存在一种对于必然性或强制性的感觉，也就意味着受限和对于某种未知之物的依赖。而知识的本性意味着除去存在于意识当中的东西，没有任何东西是实在的，那应该如何在与知识的本性保持一致的情况下解释上述内容呢？如果我们回顾一下之前对于自我意识的分析，就不难发现必须到哪里寻找答案。一方面，我们已经看到，自我意识是一种纯粹的活动，就其自身而言是绝对无限制或无限的。但另一方面，除非有某种与之相对立的东西限制它，否则这种纯粹活动是无法被认识的；脱离对于非我的意识就不可能有自我意识。现在，这一非我仍然存在于意识当中，并且因此是与自我相关联的。所以，它一定不是脱离了意识的现实实在，而只是一种与自我意识的纯粹活动相对立的活动，因而限制着自我意识。我们可以把自我意识称为一种向心活动，非我意识则是一种离心活动。因此，如果前一种活动被后一种所对立，那么结果必然是对自我意识的自由活动所受到限制的意识。意识被阻止返回自身，因此感受或觉察到自身受到了限制。这种对于限制的感受就是感觉。

也许有人会问，如果感觉是自我意识和非我意识这两种对立活动关联的产物，那为何自我意识没有伴随感觉一同出现？

答案是，感觉作为这些活动中第一种也是最简单的一种关联，排除了对于这种关联的一切反思。在感觉中，主体和客体并没有明显的对立，而是两者直接统一。当然，对立是隐含着的，并且必须在对感觉开始反思的那一刻就出现；但这种反思的条件是，有某种能够被反思的东西存在。意识不能立刻直观，并且意识到自己在进行直观；两种对立活动的第一个直接产物必须是无差别的统一体。这也就解释了为什么在感觉中，意识会有一种直接的感觉，即存在一种我们并不认识的东西限制或反对我们。由此，我们即刻解释了为什么在感觉中会存在(1)对于限制的意识(consciousness)以及(2)对于限制(limit)的意识。任何其他的解释都必须否认其中的一个。独断的唯心论解释了意识，但没有解释限制；因为，如果假定感觉是纯粹的主观状态，那么就无法解释限制的实在性(reality)，而只能将其视作任意想象的产物。如果允许独断的唯物论对不可知的物自体做出完全无理由的假设，那么它也许能够解释限制，但是唯物论仍然无法解释为什么会存在对于限制的意识。我们提出的解决方案不仅解释了意识，也解释了对于限制的意识。因此，即使最顽固的独断论者也必须承认，无论无客体的主体的假设还是无主体的客体的假设都是多余的。

感觉是意识的第一阶段，也是最简单的阶段。第二阶段是直观(perception)。在前者中，主体和客体隐含着对立，在后者中，对立开始显现。在直观中，自我不仅拥有对于限制的意识，同时还意识到有某种东西在限制自我。自我不仅在进行感觉，同时也知道自己在进行感觉。直观是一种行动，在这一行动中，主体认识到存在一个与自己相对并且限制自己的客体。这一客体被视作完全独立于主体的直观行动，并且脱离这一行动而实存。同时，客体并非另一客体的纯粹效果，而是直观的一个现实对象；它虽然与主体相对立，却又与主体相关联。因此，对于意识而言，现在第一次出现了一个实在的世界。更确切地说，这个实在的世界是一个物质的世界；它在自身内活动，并且将自身显现为具有重力属性的。并且正如在直观中客体被视作完全独立于直观活动，物质也被视作一种实在的客体或物自体，而不是某种依赖认识它的主体而构成的东西。

122

　　不必说，独断论对于直观的解释——这一解释将主体和客体视作两种独立的存在，彼此间只有外部的联系——就像独断论对于感觉的解释一样是不可接受的。因为直观不是对独立客体的纯粹主观理解，而是对在与意识的关联中实存的客体的现实理解。主体与客体的对立存在于意识之内而不是之外，因此它意味着客体对主体的主动关系。毫无疑问，一方面，客体被认为是独立于直观而构成的；但另一方面，它又被假定是在直观中被认识的，因而是为了意识而存在的。因此，关于直观的真正理论必须解释为何客体作为独立于主体的东西出现却只存在于我们对它的意识之中。

　　对于有待解释的问题我们需要有一个清晰的概念。感觉，或对于限制的直接意识，被解释为自我意识的纯粹活动被意识的相反活动所限制的结果。在理智的最初行动中，两种活动的对立并没有将自身呈现在意识中，而只是呈现在它们的产物当中。同时，这些活动实际上隐含在感觉当中，并可以通过对感

123

觉的反思而显现出来。感觉在一种隐含的统一中包含着主客体的对立。因此，对于感觉的思考必须揭示这一对立，或使其在意识中显现。让我们来看看这是如何发生的。感觉只有在区别于感觉自身的行动中时才能够成为思考的对象。现在，感觉是对于必然性或限制的感觉，因此在对感觉的思考中，自我必须在这一新的行动中理解它，将其本己化。在这种思考的行动中，自我必须超越对于纯粹感觉的限制，否则就不可能有新的行动。换句话说，作为理念的自我必须将实在的自我思考为受限的。因此，现在意识中不再像以前一样只有一种活动，而是两种不同的活动——一种主观的和一种客观的——两者之间有显现的关系。这里的困难在于，如何解释主观活动能够在不破坏客观活动的前提下认识限制。答案是，尽管在理念活动中自我是独立于限制的，但它仍然在与实在活动的关联中受限；换句话说，对于实在活动的思考不是对其进行否定，而是对如此思考它的自我进行限制。现在，只有存在第三种活动将另外两种活动关 *124*
联在一起时，这种情况才会发生，这种关联使得一种活动是主动的，另一种则是被动的，反之亦然。这种将另外两种活动关联在一起的活动就是在两者中自由摇摆的活动。

　　我们已经解释了在直观中为什么存在着主客体的对立，但是我们还没有解释为什么客体被认为是独立于主体的。这一解释与对自我在感觉中缺乏对于自己活动的意识的解释具有同样的性质。在对受限的实在自我的意识中，存在着对某种超越限制的东西的意识，而在对受限的理念自我的意识中，存在着对独立于限制的自我的意识；但是，如果没有新的活动，就不可

能有对自我和客体的关联的意识，因此，只有在自我意识发展
的后续阶段，两者才能产生关联。所以物自体只是超越限制的
理念活动的影子，是思想投射到自我身上的影子。

从现在得到的两个因素中，我们可以解释在创造性直观中
125　将自身呈现为客体的东西的本性。一方面是超越限制的理念活
动，另一方面是受限于限制的客观或实在的活动。两者都必须
被理智所把握，否则它们对于知识而言就没有实在性。两种活
动对于彼此而言都是相对的，尽管它们自身都是无限的。但是
如果没有出现一种能够将两者结合成统一体的产物，理智就不
能把握两种活动。因此，在这一统一体中，必须隐含两种对立
活动的差异——其中每一种活动就自身而言是无限的，但两者
又相互限制——而产物是有限的。现在，作为理智对象的对立
活动正是所谓的物质的力，二者的综合构成物质的本质，即
引力。

（二）在意识的第一阶段，我们已经超越了感觉，即仅对限
制的意识，并且进入直观，即对于与主体相对立的实在的客体
的意识。现在，我们必须区分直观的各个阶段，或者换句话说，
我们要说明作为知识的对象的自然界是如何被理智划分为内在
和外在世界的。这里的问题是，理智如何将自身与它所直观的
126　对象区分开，以及如何回归自身；换句话说，理智如何做到在
直观的同时认识到自身在进行直观。

在这一部分中，谢林试图按照先验哲学的一般原则说明，
自然界作为与认知主体相对立的客体，实际上只是理智自身的
产物，因此直观必须被视作属于理智的过程，而不是脱离理智

而实存的僵死的产物。因此，谢林效仿费希特，以最密切的方式将时空与范畴联系在一起（而康德则将两者分离）。此外，在谢林看来，似乎所有的范畴都可以还原为康德在关系这一标题下所归类的范畴，并且谢林继承了康德关于每组范畴之间存在密切联系的思路，并由此发展出这样一种观点，即实体和原因只是交互作用范畴的较低形式。

　　显然，除非进行直观的主体与被直观的客体之间有明确的对立，否则就不可能对在直观着实在世界的自我有意识。前者与后者必须区分看，就像内在与外在相区分一样。而这两种直观——对进行直观的自我的直观，和对被直观的客体的直观——在彼此的关联中是相互规定的；如果没有对外在客体的直观，就不可能有对内在自我的直观。在对内感官和外感官的思考中，必然存在着对两者的理解，因此，内在与外在——进行直观的主体与被直观的客体——之间的区别对于思考二者的自我是相当偶然的。因此，直观着实在客体的自我受限于对客体的直观，因而不能同时领会到自身是在进行直观的，而认识自我与客体的自我则是一种自由的活动。因此，存在着与外在客体有所区别且相互对立的对于自我的直接意识。在这种对自我的感觉中，存在着一种对作为直接感觉的主体的自我的意识。那么，自我如何成为直接意识或感觉的对象呢？只有当它直观到自身存在于时间当中时才会如此。自我在与客体的对立中，产生了对于自我的直接意识，也就是说，自我意识集中在一个点上，而无法向某一方向扩展。在作为感觉的自我意识中，自我向自身显现为纯粹的强度（intensity），纯粹的强度只存在于时

127

128　间当中，而不存在于空间当中。因此，时间只是理智用来将其变化的状态相互联系的普遍活动，时间是自我对于其自身独立活动的直接意识。但是，如果没有对于某种与自我相对立、外在于自我或者说存在于空间（space）之中的东西的意识，那么对于把其自身的状态联结在一起的自我而言，也不可能产生意识。由此产生了内在直观与外在直观的区分，二者共同构成被直观的理智对象。因此，在对存在于时间中的主体与存在于空间中的客体进行区分时，我们已经超越了最初呈现自身的内感官与外感官的无差别的统一体。只有当作为纯粹内涵的自我意识出现时，客体才能作为纯粹外延出现；因此，二者必须结合在一种包含两者的意识当中。时间和空间因此必须是相互关联的，并且二者只能通过对方被测定。我们通过参照匀速运动的物体所经过的空间来确定时间的量，我们通过参照匀速运动的物体所花费的时间来确定空间的量。

　　因此，可被感知的客体并非作为纯粹的外延，而是作为与内涵相关联的外延而被认识，即作为力。为了确定力的强度，

129　我们必须测量力在非零的情况下能够延展的空间。反过来说，空间是由内感官中力的强度所确定的。因此，仅在时间中被认识的东西看起来不是必然的而是偶然的，因为它只在理念中存在，或者说只为了内感官而存在；而在空间中具有量的东西则显现为必然的或实体性的。然而，不存在脱离与内感官的关联的外感官——不存在脱离内涵的外延——实体和偶性在本质上是相互关联的。在这里，我们就得到了对于实体（substance）和偶性（accident）的直观的起源。只能在空间中观察的是实体，只

能在时间中直观的是偶性。因此，空间和时间并不是空的框架——直观独立所把握的客体被放置其中；实体也不是一种首先存在于心灵中的已成的观念，并在直观中被带入运作；二者都是理智构成自然世界的活动方式。因此，谢林指出，实体必然导向因果性，二者又共同导向交互作用。

康德主义者认为，客观性或实在性属于物自体，而它们只存在于时间中的连续状态由认知实体提供。很容易表明，这种观点根本无法解释被直观对象的起源。心理状态的主观序列和实在事件的客观序列之间并不存在差异。所谓的客观序列，是指不是由个体的自由活动所产生的序列，它似乎不是被生产出来的，而是被外在地把握的。但实际上，序列的发生和对于发生的直观是从不同视角进行思考的同一对象。我们暂时假设直观仅存在于心理状态的序列，那么实体则是一种固定的或与时间无关的东西，它既不能产生也不能消灭。任何客体 B 和 C 的偶性都可能出现或消失，但是客体本身则不会。因此，如果 C 在因果关系上被 B 所规定，那 B 所规定的实际上只是 C 的偶性（偶性的东西）而不是 C 本身。为了让理智认识到 B 的偶性是 C 的偶性的根据，B 和 C 必须在同一行动中彼此对立并且又相互关联。二者之间的对立是显而易见的，因为在纯粹的序列中，B 被 C 从意识中排除出去，并且返回"过去"的阶段。但是，如果只把自我简单理解成原始表象的序列，其中每一个表象会排除另一表象，那么表象的相互关联（related）就是无法理解的。现在的情况是，只有偶性能够进入或离开存在，实体则不能；那么，实体是什么？它只能被想象为固定的时间。但时间却不是

130

131

固定的，而是流动的——当然，时间并不是就其自身而言流动
的，而是对自我来说流动的——因此，实体不能是固定的，因
为自我本身并不是固定的，并且自我之前被假定为序列本身。
因此，认为活动的自我只是表象的序列的假设是一种纯粹的猜
想，而反思表明这种猜想是不可接受的。但是，如果 C 和 B 之
间存在任何对立，那么实体就必须被视作永恒的。现在，序列
不能是固定的，除非有对立的方向出现在序列之内。从感觉的
序列中抽离出的唯一方向就是时间，而时间从外部来看是单向
的。因此，只有在自我从 B 被驱赶到 C 的同时又返回 B 的情况
下，对立的方向才能够出现在序列当中；因为在这种情况下，
132 对立的方向将相互否定，序列便会固定，从而实体也会固定。
此刻毫无疑问，自我只能按照从 B 返回 C 的方式来从 C 返回 B。
也就是说，正如 B 包含 C 的一个规定性的根据一样，C 也必须
包含 B 的一个规定性的根据。B 的这一规定性不可能在 C 存在
之前就存在，因为 C 的偶性包含这一规定性的根据，而 C 只有
在"现在"的阶段才能够作为被规定的对象出现在自我面前，因
此 B 的这一规定性（C 包含它的根据）也是在这一阶段首次出现。
B 和 C 必须相互规定。

　　已经表明的是，任意两个客体只有被视作在同一个不可分
割的时刻内相互规定时，才能被规定为实体。但理智是一个永
恒的过程，或者说，理智在不断产生着新的客体。那么，能否
表明同一本原是普遍真实的，并且世界上所有的实体都处于相
互的因果关系当中？两种实体的相互作用意味着它们的共存，
而且这种共存只为了理智而存在。在对实体的直观中，空间仅

将自身显现为外延或各个排他的部分的并列：只有在对交互作用的直观中，空间才显现为共存的形式，或是相互排斥的客体的并列。因此，空间只是在一种有别于对共存客体的现实认知的理智行动中，对共存的纯粹形式（form）的再现。空间没有方向，因此它是所有方向的可能性，但在与因果性的关联中，只能有一个方向；只有在交互作用的范畴中，所有方向才是同样可能的。现在，实体和原因只在理念上具有差异；现实知识只有在两种相互作用的实体的综合中才变得可能，而这两种实体又与其他实体相关联。因此，只有在交互作用中才可能有对于客体的知识；换句话说，自然是诸客体的综合，其中所有客体都相互规定。

到目前为止，我们已经假定，在理智中可以找到持续不断地产生对象的基础。现在，我们必须证明这一点。自我原初地蕴涵两种不同倾向的对立，但是由于自我的本性是纯粹且绝对的同一性，因此它必须不断地尝试回归同一。但是由于原初的二元性，自我永远不能完全做到这一点。持续生产的条件，即，与主体相对的客体的呈现，是对立活动的原初冲突的永恒重构。只有在冲突持续的情况下，理智才作为理智存在。借用斯宾塞先生的话说："只要意识还持续存在，对立就永远不可能被超越。"因此，对立显然不会随着某一独立客体的产生而结束；换句话说，每一独立客体本身只是理智的无限活动的表面（apparent）产物。由此便产生了一个难题。一方面，所有的经验意识都起始于一个直接存在的客体，并且理智在其最初的意识当中发现自己似乎卷入了一个特定的表象序列当中，并且理智无法摆

133

134

脱这一序列。另一方面，独立客体只有作为唯一宇宙的部分才是有可能存在的，而且由于事件的因果关联，序列不仅已经预设了实体的复多，并且还预设了所有实体间的交互作用或动态的共存。那么，困难就在于，理智，作为对这一序列的意识，只能在序列的某一点上把握自身；由此，为了成为对整个序列的意识，理智必须预设独立于自身的实体的整体性以及实体间的交互作用。没有脱离理智的自然，但自然又显然独立于理智，并且对于自然的各部分的任何意识的必要条件都被零散地揭示出来。要解决这一矛盾，必须区分绝对理智和有限理智。如果自我在根本上是原初地受限的，那么就必须存在一个宇宙，一个所有实体相互关联的体系。由于这一原初限制，或者说，自我意识的原初冲突，对于自我而言，作为整体的宇宙并非逐渐地，而是通过唯一的绝对综合而产生的。正如康德所说，作为整体的宇宙的理念必须先于对其部分的认识。但对作为有限个体的自我而言，这并不能解释对于自我意识的限制。这一特殊限制或者说第二种限制必须出现在时间的某一特定阶段内。在第二种限制中被确立的所有东西都已经在第一种限制中被确立了，但是有一点不同，即在第一种限制中所有东西都是同时或作为整体被确立的，而在第二种限制中所采取的形式是各部分的连续综合。不能说绝对的综合受到时间的限制，因为脱离绝对综合是不可能有时间的，而在经验意识中，整体只能通过各部分的逐渐综合而产生，因此是通过连续的表象而产生的。现在，只要理智不受时间的限制，那么它就是绝对综合本身，因此它既不开始生产，也不停止生产；而只要理智受到限制，那

它就只能显现为从某一确定的点进入序列。但这并不是说无限 *136*
理智和有限理智是绝对分离的，因为如果我们从有限理智的特
殊限制中抽象出来，那我们立即就能得到绝对理智，正如我们
将抽象出来的限制再重新增加回来，绝对理智就会特化为有限
理智。然而，绝不能认为绝对综合和特殊的或经验的综合是两
种独立的行动；相反，在同一原初行动中，对理智而言同时产
生了作为整体的宇宙和在特殊客体的序列中的宇宙的具体化。
不难理解，为什么理智在其意识开端的那个点上，必须在没有
自身协作的情况下显现为全然被规定的；因为，正是在这一点
上才产生意识，并随之产生自由，处在这一点之外的东西必须
显现为完全独立于自由的。

上述内容为哲学问题的本性提供了新的见解。每一个体都
可以将自身视作这些研究的对象。但是，要解释自身，个体必
须首先否定自身的一切个性，因为这些正是有待解释的。当所
有的个性限制都被去除以后，剩下的就是绝对理智。当所有的
理智限制都被否定以后，剩下的就是作为主客体统一的绝对自 *137*
我。当我们从自我中去除一切个性，甚至去除自我得以成为理
智的限制时，我们仍然无法否定自我的根本特征，即使得自我
同时是主体和客体的特征。因此，自我本身就其本性而言，作
为自身客体在活动中原初地受到限制。对自我而言，在自我活
动的这一最初或原初的限制中，直接产生了对于无限冲突的绝
对综合，而这种冲突正是原初限制的根据。现在，如果理智仍
然与绝对综合保持同一，那么仍然会有宇宙，但不会有理智。
因此，理智必须脱离绝对综合，从而有意识地将这一综合再次

创造出来；但除非在这最初的限制中出现一种特殊的或第二种
限制，否则上述情况就是不可能的，而第二种限制并不在于与
作为整体的宇宙保持同一的理智，而在于从某一特定的点对宇
宙的直观。因此，如何解释一切事物都取决于理智的原初行动，
而理智却只能把握某一确定的序列，这一困难已经通过区分绝
对理智和有限理智而解决。经验序列只是绝对综合在时间中的
138　演变，所有正在发生的和将要发生的东西都包含在其中；而序
列之所以显现为独立的，只是因为个体无法预先生产它，而必
须等待它的实现。

　　将宇宙确定为无限的客体，其中所有客体都处于交互作用
中，这实际上就是将世界的概念确定为一个有机的统一体。但
这一普遍的有机体必须进一步具体化，因为在直观中对于客观
世界的认识包含将其中的某一特殊部分视作其活动的器官。一
般来说，有机组织是被阻碍的似乎僵化的序列。宇宙的机械论
概念将宇宙的每一部分都视作相对其他部分向无限延伸，或者
说，仅仅主观地将宇宙视作一种经验序列。有机体在自身内包
含其中心，或者说有机体构造一种返回自身的序列；因此，只
有理智才能将自身表现为有机的，从而区别于无机的存在。从
广义上讲，一切有机的实存者都具有内在的运动本原，因此都
是有生命的。有机组织的各个阶段不过是宇宙的理念演变的各
139　个阶段。正如理智永远在力图表现绝对综合，有机的自然也将
自身显现为与无机自然的永恒斗争。然而，只有在最高级的有
机体中，理智才能认识自身。因此，理智不仅是有机的，而且
处于有机组织的中心。正如我们之前所看到的那样，如果理智

不把世界看作因果关系，那么世界就不可能被确定为实体和偶性，如果不把世界看作处在交互作用中的诸实体的体系，它也就不可能被确定为因果关系，所以我们现在看到，即使是交互作用的范畴，也必须让位于有机组织的理念，而这一理念从普遍性的角度思考，就会导向作为普遍有机体的自然的概念，与之相关的一切个体有机体都是偶性。

（三）现在，我们进入《先验唯心论体系》最重要的章节之一——在这一章中，谢林尝试尽最大的可能从知识的视角对哲学的特殊问题做出最终的解释。反思（reflection）是理论哲学的最终阶段，在对反思的研究中，可以最为清晰地看到先验唯心论和康德在分析论（analytic）中阐明的学说的区别。在这里，谢林充分利用了费希特的提示，尝试将知识的批判理论从独断论的显象——这一显象主要是康德从历史原因出发来构造其理论所造成的——中解放出来，以及尝试以一种更紧密的方式将直观对象、图型以及范畴联系起来；并且说明康德范畴表中的四组范畴的真正依据，以及每组范畴中的特定范畴之间的关联；并且最终说明独断论所特有的关于自然独立于理智的不合理假设的真正起源。谢林著作中的这一部分，尽管在某些方面并不完善，但无疑为黑格尔提供了丰富的启示，使其能够按照所有范畴的依据所提供的真正秩序发展出自己的完整体系，并将康德的学说转化为自洽的绝对唯心论体系。

谢林在对直观作为知识的第二阶段的描述中指出，在我们的日常经验中所面对的是一个由处于时空中的客体所组成的体系，客体间相互作用和反应，并且在其中包含着有机的存在者。

140

然而，尽管对于唯心主义哲学来说，自然作为理智的另一面是
显而易见的，但对于仍处在直观阶段的人来说，这一洞见却是
141 不可能达到的。因为，虽然内感官和外感官已经成为认知对象，
但作为行动的理智和作为某种区别于行动的东西的自然还没有
分离开来。事实上，这一对立是理智在其进程的某一特定阶段
所形成的，独断论的哲学体系的存在就是证明。因此，我们在
此特别关注的正是这种理智与自然的表面二元论。知识的必然
进程已经把我们带到可以解释这种二元论的阶段，并且至少可
以部分地推翻这种二元论。

　　为什么理智和自然、思想和实在、主体和客体似乎是相互
对立的？显然，首要的条件是，理智必须能够使自身摆脱沉浸
在作为客体的自然当中的状态，并且将自身视作进行认知的活
动。对于这种将自身与客观世界分离的能力，我们可以使用抽
象（abstraction）这一术语来形容。现在，考虑到直觉的本性，我
们能够发现它蕴涵一个普遍要素和一个特殊要素，或者换句话
说，对作为整体的自然的信念以及对自然的诸多特殊客体的限
142 制。与这一区别相对应，我们自然会发现，抽象要么是部分的
要么是完全的，要么是经验的要么是先验的。并且由于直观中
的普遍要素是隐含而不是显现的，只有特殊要素才显现出来，
因此，理智要提升到反思阶段，自然要从承认理智在意识特殊
或特定的客体时所进行的相对独立活动开始。因此，经验的抽
象在于从意识中分离那在直观中呈现自身的特殊客体，并且关
注对客体进行认识的思维的活动。由此二元论就被引入意识之
中。认知行动与被认知的客体之间的直接同一性被摧毁了，并

且行动与其对象之间产生了对立。因此，抽象的结果是在意识中产生了对思维活动的直观，即概念。显然，如果追问概念如何与客体相一致意味着追问概念如何在完全独立于客体的情况下与客体相一致，那么这种追问是不合适的。这种表述问题的方式已经假设概念是独立于客体而产生的，而概念仅存在于对现实客体的抽象行动当中。因此，必然存在一种特殊行动，在 *143*其中原初统一的概念和被直观客体首次变得相互对立，然后再结合在一起。这就是被称为判断（ur-theil）的行动。而由于在特定的判断中，判断将自身具体化时必须依据某种规则，因此这一规则必须能够成为反思的对象。对于规则本身，谢林给出了康德所使用的名称，即图型（schema）。图型不同于图像（image）的地方在于，图型是一种规则，根据这种规则能够产生一个特定对象，而图像与具体对象的不同之处仅在于，它并不被限制在空间中的某一特定部分。

通过经验性反思，把直观归纳到规则之下的思维活动成为意识的对象，但没有因此而彻底摆脱直观。抽象本质上关联于对特定对象的直观，因此，尽管思维活动被提升为意识并与直观相区别，但在判断中将图型应用于某一特定客体时，仍然会涉及直观。但使得理智能够从个别直观中抽象出来的能力同样能够使得理智从所有的客体中抽象出来，并将注意力集中到在根本上使得客体成为可能的活动的普遍模式上去。这种最高的 *144*抽象可以称作先验抽象（transcendental abstraction），其对象是纯粹概念或范畴（categories），它们构成作为反思的理智活动的基本模式。正如经验概念和直观对象以经验图型为中介，范畴也是通过先验图型(transcendental schema)同世界在普遍意义上相关联的。

　　在思考先验抽象的本性时，谢林的主要目的在于避免思维与实在、概念与直观的绝对分离，正是这种分离使得独断论所依赖的二元论显得可信。因此，谢林试图表明理智和自然的对立是由于未能把握反思的抽象或分离的特性。"直观无概念则盲，概念无直观则空"，对此，谢林从直观已经是思维和其对象的不可分割的统一体这一事实出发进行解释。因为，（1）一方面，被视作独立于概念的直观实际上仅是客观性的形式而非客观性本身；它仅仅是一种纯粹不确定的行动，通过这种行动，相互外在的或处于空间中的可能的客体才能相互关联。但客观世界不同于纯粹的外在性，它是诸实体的集合体，其中所有的实体都处于相互作用或反应当中。因此，客观世界的规定性包含思维用以将客体相互关联的那些特定方式；简而言之，正如在思考知识的第二阶段时已经表明的那样，这蕴含着关系的范畴。（2）另一方面，从直观中分离出的概念仅是普遍活动的抽象。当从经验图型——理智借以将各个独立客体相互关联的模式——中产生抽象时就会出现：一方面是无概念的直观，或者说空间的纯粹形式；另一方面是无直观的概念，或者说关系的纯粹形式。因此，正如形式逻辑中所认为的那样，范畴仅被视作形式上的或抽象的关系模式。从纯粹反思或分析的角度来看，范畴必定被视作形式上的规定性，因此康德试图从形式逻辑的判断功能中推演出范畴。现在，不必说这些判断功能本身必须从先验哲学中推演出来，显而易见的是，脱离了直观的图型法，

145

范畴就不再是使得实在客体可能被认知的概念，而仅仅是思维 *146*
的抽象形式。因此，独断论哲学从未能够解释概念如何与客体
一致。当二者绝对分离时，唯一可能的解释方式是，要么认为
概念与客体之间存在因果关系，要么认为概念之所以与客体一
致，是因为二者之间存在一种前定和谐。如果采取第一种观点，
那么我们要么必须假定客体产生概念，在这种情况下，概念就
不可能具有普遍性和必然性；要么假定概念是对象的形成原因，
在这种情况下，我们不得不得出一个与事实不符的结论，即对
象是无形式的质料。这些困难都源自我们没有仔细研究概念与
客体之间的差异是如何产生的。在抽象行动之前，并不存在这
种区别：直观和其对象构成一个不可分割的行动。因此，当我
们意识到这种分离是由于抽象行动时，关于概念与直观的和谐
一致问题就解决了。反思将自身集中于产生直观对象的行动上，
因而将概念与客体对立起来。但这种对立只是相对的或逻辑上
的，而不是实在的。并且如上所述，既然与行动相对立的客体 *147*
是理智的必然产物，那么与客体密不可分的行动也必然同样是
理智的产物。

在反思阶段，我们可以清楚地看到理智的无意识产物和有
意识产物的区别。由于概念是理智的必然行动，因此可以说是
先天的；但又因为是有意识的（conscious）的行动，因而似乎是
从独立于理智的客体中通过抽象得来的，因此又可以说是后天
的。这种区分纯粹是相对的。对哲学来说，就实在性作为理智
活动的显现而言，所有的实在性都是先天的；但从反思的角度
来看，作为理智的无意识活动产物的一切知识又都是后天的或

经验的。在概念与直观之间确立一条明确的界线是根本站不住脚的；二者的差别只对那些尚未超越反思阶段的个体而言是存在的，在那种从自我意识的原初二元性中获得知识的哲学中，这种差别将被永远取消。谢林声称，这种反思的观点展现了康德所提出的隐含于经验当中的范畴的真正本性。范畴的机制不能像康德所认为的那样从判断的纯粹形式功能中推导出来。这 148 种机制只能在范畴与内感官和外感官的关联中得到解释。康德指出，一方面，动力学范畴——包含关系范畴中的实体、原因以及交互作用，模态范畴中的可能性、现实性以及必然性——具有一个显著的特点，那就是每一动力学范畴都有一个与之关联的范畴；而另一方面，属于数学范畴的量和质却没有这种关联。但当我们看到，在动力学范畴中内感官和外感官尚未分离，而在数学范畴中，质和量分别与内感官和外感官相关联时，这一点就立刻得到解释。例如，实体和偶性是理智用于确定空间中的客体的活动模式，虽然客体的偶性处于时间当中，但理智在直观的阶段并没有做出区分。同样，"质"是仅从时间来看的感觉的强度，"量"则是仅从空间来看的客体的广延。在每一类范畴中存在三个范畴，其中前两个范畴相互对立，第三个范畴则是前两个的综合，由此表明，范畴的机制是建立在一种更高的对立之上的。而且由于这种更高的对立并不在反思或分析的 149 阶段显现自身——因为分析无法超越关系的纯粹形式——所以必然存在一种属于更高的领域，或者说这种逻辑上对立的条件的对立。此外，这种对立还贯穿所有范畴，因此毫无疑问，必然存在着唯一的基本范畴。我们应当期望这一范畴是关系范畴，因为这是我们可以从直观的原始机制中推导出的唯一范畴。这一点是可以证明的，一方面，离开反思，客观世界就无法被数学范畴所规定。例如，任何客体都不是自在地(in itself)是统一体，而只有相对于同时进行直观与对直观进行反思的某一个别主体而言才是统一体。另一方面，除了对思维活动的明确反思，客观世界要从根本上被认识，就必须按照实体和偶性的方式被规定。因此，数学范畴以动力学范畴为根据或前提。前者只能将在后者中表现为统一的东西表现为分离的东西，因为它们本身属于内感官和外感官，因而起源于反思的阶段。如果我们考虑到在直观的原始机制中，两组数学范畴中的每个第三范畴都以交互作用范畴为前提，那么就可以更简单地得出同样的结论。*150* 量的第三个范畴，即全体性(totality)，在脱离客体之间的交互作用的情况下是不可想象的；质的第三个范畴，即限定性(limitation)，也不适用于单个的客体，而只适用于处于交互作用关联中的彼此对立的两个或两个以上的客体。因此，唯一根本的范畴是关系范畴。模态(modality)范畴只在反思的阶段才开始运作。可能性、现实性以及必然性仅仅表现了客体与全部认识能力(内感官和外感官)的关系，因此并没有以任何新的方式规定客观世界。正如关系范畴是现实直观中的最高范畴，就作为整体的知识而言，模态范畴也是最高范畴。由此可见，它们并非最初就存在于直观当中。

依循知识的各个阶段，我们又回归理智与自然、主体与客体的对立，而理论哲学正是从这一对立开始的。通过先验抽象，个体能够使自身高于所有直观对象，并将自身视作与知识相关

的纯粹行动。但对他而言，世界仍然是某种似乎独立于理智的

151 东西，并且必定保持这种状态，直到对个体和哲学来说，世界被视作理智自身的产物。但是这一洞见无法在知识的新的行动中获得，因为知识的进程已经完成；因此，从理智的自由活动出发，我们必须考虑哲学的最终问题——主体和客体的绝对同一性——在从实践哲学的角度进行思考时是如何进展的。

第六章　实践哲学

在其体系的理论部分，通过考察知识所经历的各个理念阶段，谢林已经表明，必须在意志的本性当中寻求对理智乃至知识的最终阐述。被视为纯粹理论性的理智，从未超越那或多或少与其相异的实在概念。但不能认为，在认识中我们将自身看作被动地把握客体世界，在其中客体各自独立存在并以一种纯粹外在或机械的方式作用于我们的理智。这种观点是独断论者为解释知识而提出的歪曲解释。不必说已经存在许多对这种未经批判和未经思考的假设的反对意见，这种学说完全无法解释这样一个事实：理智是主动地或意愿着地在一个由实在客体构成的世界中展现自身的活动，而诸客体则是被动地接受理智的塑造。如果说，通过对这个或那个对象的抽象，我们就能对自身的实践活动产生意识，这并没有能够解释自我规定，或者说至少表现为自我规定的自我意识，因为有待解释的正是这种抽象的力量。因此，只要我们仍处在知识的视角，对于自我活动的直观就是无法解释的。我们只能假定存在一种绝对的自我规定的力量，这种力量完全独立于任何纯粹的认知行动，通过这种力量，我们把对自我心灵活动的认识解释成，这一活动是为了反思意识而存在的。即使在知识的最高阶段，我们仍然不会意识到理智活动本身。所有的知识都意味着理智向外朝向客体的趋势，因此对于知识而言，不可能存在对作为自我规定或实践活动的理智的直观。自我并非知识的可能对象：自我不仅是自然的一部分，而且是一种纯粹的自我活动，而这种活动正是认识自然的条件。因此，要解释作为认知活动的理智，我们必须超越它并达到作为意志活动的理智。

对于知识的本性的研究为我们得出这一结论做好了准备。我们发现，作为知识的原初条件，必须假定存在一种最初的自我限制行动，通过这一行动，对于客体的认识才在根本上成为

154 可能。唯心论的基本命题是，对理智而言除去其产物外不存在任何东西。任何理智的对象都不可能不处于和理智的关联中，并且理智只能自己作用于自己。为了从知识领域过渡到实践活动领域，我们不得不再次假设理智是自由的或自我规定的。但绝不能认为我们一直在原地打转而没有取得任何进展。自我意识或自我限定的最初行动是唯心论哲学家为解释知识的事实而必须做出的一种假设；通过抽象的绝对行动，能够获得对作为意志的理智的直观，并且对理智自身而言，这种行动能够被证明是可能的。因此，在自我意识的原初行动和现在所考虑的自我规定的行动之间存在着差异。二者都是自我规定的行动，或者说都是不依赖任何外部事物因而是绝对自由的活动的绝对起源。但理智在限制自身时，将自身与客观世界相对立的原初行动，与理智用以使得自身超出一切外在和内在客体的行动之间

155 存在两点不同。首先，原初的限制行动并没有进入作为认识的个体的意识，而理智用以思维自身的抽象行动不仅是一种活动，并且行动本身被个体所认识。其次，第一种行动没有进入明确

的意识，因此是独立于时间的，而第二种行动发生在自我意识演变的某一确定的点上，因此是在时间之内的。但尽管存在这些差异，自我规定或意志显然是一切客观性的基础，无论有意识的还是无意识的；因此，在某种特殊意义上，意志就是理智的本质。如果理智没有将自身规定为活动，就不可能有知识，因此意志是知识的条件。直观客体世界的活动与理智有意识地将自身规定为行动的活动从根本上说是同一的。

这些都是显而易见的，但当我们继续探索作为实践理智本质的有意识的自我规定时，困难就出现了。在我们解释知识的本性时，只需要指出任何与理智相关的对象都不可能不是由理智主动产生的就足够了。由此我们在普遍意义上确定了理智的条件。但随着哲学向实践部分的过渡，一个新的难题出现了。理智最内在的本性是意志，但无法在脱离与具体对象的关联的情况下解释意志。理智用以超出一切认识对象的绝对的抽象行动是理智与自然的明确区分的条件；换句话说，只有它能够解释为何对于行动着的和进行认识的自我的理智而言存在着对立。一方面，就作为发生于时间内的行动而言，它显然需要解释；但另一方面，这一行动又是一切实在性（无论内在还是外在）的最高条件，因此显然不需要解释。用一种更容易理解的方式来说明这一问题：在意志活动中，我将作为纯粹自我规定的自我与主动认知客体的自我相对比，从而将自我视作高于一切特殊直观的存在，我在自我面前设定了一个对象，作为我能够自由实现的理念。但是如果一切实在性都来自理智，那在意志活动中自我是如何被规定为某一特定的具体对象的呢？又应该如

157 何解释自我意志的明显限制？正如在知识的第一阶段，即感觉中，理智发现自身受到限制，在意志的开端似乎也意味着，在与那些它试图实现的确定客体的关联中，理智发现自身是受规定的。

在回答这一问题时，谢林与费希特的观点基本一致，他立即找到了对如下事实的解释：存在着许多的有限理智，其中每一理智都有对应的世界，对有限理智来说，这一世界不仅就存在于空间中的意义而言是外在的，并且就意志将理智规定为个体性（individuality，意志所特有的性质）而言，这一世界也独立于对应的每个有限理智。对于纯粹的知识来说，既不可能产生对由有限理智构成的世界的意识，也不可能产生对独立于这些理智的客体所构成的世界的意识。之所以不可能产生这样的意识，是因为在明确的自我意识之前，理智并没有将自身与客体相区分，而是在直接呈现自身的世界中思考自身的法则，就如同在镜中一样。但是，作为理智的具体规定的意志，换句话说，作为个体对于自身自由活动的意识，明显带来以下问题：自我如何能够意识到其自身活动是受限的或被规定的？下述内容是

158 对这一问题的简要解答。独断论者显然会假定我们首先具有一种对于自己之外其他有限理智的认识，而对于每一理智的意志的限制都是通过它们之间的相互作用和反应得到解释的。遗传的天性、教育以及环境的影响使得个体成为他所是，并且解释了个体为何如此行动。唯心论者不可能接受这样的解释。独断论假定独立理智的实存——而这正是有待解释的东西，并且断言所有意志或个体都由某种外在于它的东西所完全规定，因而

实际上在否定所有意志和个体性。不必说,这种否定是所有谬论中最为荒谬的,因为它不仅使得实践活动变得不可能,甚至使得知识也变得不可能。因此,我们必须以完全相反的方式解释对理智的限制。对于自我而言,任何与自我的思维活动无关联的东西都不可能被认识,因而任何与自我的实践活动无关联的东西都不可能被我作用。任何其他的理智、人类或神灵,都不可能作用于自我,而只有自我能够作用于自己。那么(1)自我如何认识到除自己以外还存在其他理智?(2)自我在何种意义上能够被它们所作用?如果这两个问题能够得到满意的回答,我们就可以解释在自我的自由活动中,作为个体的自我是如何既是自由的又是受限的。(1)第一个问题的答案隐含在这样一个事实中:在意志活动中,自我发现自身受到某些特定目的的限制。在对于这种限制的意识中,自我开始对作为个体的自我,以及与自我相关联的其他个体产生意识。如果没有对自身产生意识,自我就不可能规定自身或规定意志,并且除非与其他自我相关联,否则自我也不可能对自身产生意识。因此,意识到自我是受限的就意味着对其他自我的活动的关联意识。(2)但这种对于自我限定的意识决不能与任何假设的意识,即对其他理智存在者对自我的直接活动的意识,混为一谈。甚至不可能存在这种直接活动,原因很简单,因为任何理智都不可能脱离自身而作用于其他理智。但这并不妨碍不同的理智之间存在一种间接的关联,在莱布尼茨之后,我们将这种关联称为"前定和谐"。我所认识的自然世界只在与我的认识的关联中实存,它本身并不具有独立的实存。但是,这并不妨碍我们承认,对于其他理智

159

和对我来说，世界就其本质而言是相同的。如果从作为个体的
自我的特性中抽象出来，我们就能看清这个共同世界是什么。
因此，对每一有限理智来说，自然世界大体都是相同的。对所
有理智而言，这个世界由处于时空中的诸客体构成，其中诸客
体相互作用和反作用，并且形成一个有机的统一体或体系。但
是，除了这个共同的世界，每一个体都有对自己行动的意识，
以及对其他个体行动的表象。因此，他者只能在我对其行动的
表象中，并通过这一表象作用于我：他们的行动并非直接的而
是间接的，并非强制于我而只是限制我。因此，这种限制与自
我的自由是相兼容的，同时这也解释了对作为个体的自我的限
制。除非存在一个共同的客体世界，对所有人而言它都将自身
呈现为同一世界，否则我就无法意识到我是众多个体中的一个。
而且，自我的个体性的构成必须通过那种，在对其他个体的个
体性的表象活动中自我所受到的限制来完成。因此，我所拥有
的天赋或能力与他人对我的间接影响所产生的教育过程之间相
互关联。在最广泛的意义上，教育是某一理智对另一理智的持
续作用。只有当我们不再思考孤立的理智，而是思考构成人类
历史生活的理智共同体时，才能够解释作为自由和意识行动的
起点的现实任意的开端。

　　现在必须补充的是，对于客观的或独立于个体意识的自然
的认识，只能从实践理智的本性中得到解释。知识本身仅仅是
对处于时空中的客体的呈现，对理智而言，独立的实在物的起
源归于意志。存在着这种实在物，只能说明自然即使在不被我
直观时也实存着，而不能说自然作为物自体而实存。对于个体

而言，世界唯一能够具有的客观性在于它被其他个体所直观。我们已经表明，在对自我规定的个体的意识中隐含着不同个体的表象之间的前定和谐，因此，这种前定和谐是世界对于个体而言能够具有客观性的唯一条件。"对于个体而言，其他理智就像宇宙的载体，有多少理智存在，客观世界就有多少面坚不可摧的镜子。"如果仅仅凭借自身，一个单独的个体不仅无法意识到自己的自由，甚至也无法对客观世界产生意识。意志或自我规定是对我们所认识的自然世界进行直观的必然条件。 *162*

我们已经证明，在作为意志的理智中，可以找到对作为认识的理智的解释；个体只有在与其他具有自我意识的存在者的关联中才能认识作为个体的自己，以及只有在能被前后一致的唯心论承认的情况下，自然才能在与其他理智的关联中具有独立性或客观性。现在所要考虑的是，意志或实践理智的确切本性。谢林首先关注的是意志与外部世界的关系。自我规定的理智通过一种自由行动，使自身完全超出由被认识或被直观的客体组成的世界。只有当这一行动指向直观的确定对象时——这类对象将作为行动的可视化表达——行动才能成为明确意识的对象。换句话说，纯粹的自我规定只有在与直观中呈现的对象的对比中才是可思维的，也只有如此它才能转化为现实的任意。但任意的行动并非与直观对象完全同一，因为那样的话它就成了直观，而行动与对象必须和彼此保持区别。因此，正如我们在知识的反思阶段所看到的那样，出于自身的行动是思维的概念或功能。因此，说功能与客体是不同的（distinct），就相当于说后者是外在于（external）前者的；或者换句话说，客体之所以 *163*

外在于我，是因为我的意志是在与它的关联中被规定的。

　　意志的这种特性，即意志总是指向自身之外的客体，引起一种必须被解决的矛盾。一方面，我意识到我的自由是纯粹的自我活动或者说是无限的；而另一方面，自我活动只有在与某一特定客体的关联中才能显现自身，或者说，自我活动是有限的。那么，意志的无限性与表面的有限性如何保持一致？意志并不破坏直观的生产活动，因此，由于存在一个与其相对立的世界，意志不得不显得是受限的；两个领域相接触，但其中一个领域外在于另一个。在意志活动中，我是自由的，而在被迫接受由在直观中呈现自身的客体构成的世界时，我显然是必然的或受限的。这种矛盾的结果是，必然存在一种在无限者和有限者之间摇摆的活动，这种活动的对象一方面必须是无限制的，另一方面又必须是受限的。这种活动被康德称为理性，被谢林称为想象力，它既不是纯粹的理论活动，也不是纯粹的实践活动，而是两者的中介。这一活动的产物是理念，必须将其与知性中的概念相区分。知性是一种只在对具体对象的规定的直观中显现自身的活动，因此是一种有限的受限的活动。想象力则既是有限的也是无限的。因此，如果将理念与概念等同，我们就破坏了前者的无限性，就会像康德已经表明的那样，导致一系列矛盾和二律背反。这种自由的自我活动或意志，如果从与被意愿的特定客体的关联中看，就是有限的，但是如果将其视作自我活动，它就是无限的，或者说，它就能够超越"任意"的所有有限对象。因此，二律背反的根源存在于康德放置二律背反的地方，即存在于将自由的无限活动限定在受限客体的限制当中。当我们反思理念与特定对象的关联时，我们会说它是有限的；而当我们反思活动本身时，我们又会认为它是无限的；这恰恰意味着，理念的对象既不是有限的也不是无限的，而是二者合一的。

在意志活动中，必须从理念过渡到确定的对象——这一过渡是在思想中而不是在实在中。因此，对象的理念既不是有限的也不是无限的，而只是从某一方向另一方的过渡，这意味着存在一种理想（ideal），这种理想是一种中介要素，它与行动的关系就如同图型与概念的关系。对理智而言，由于这一理想，在直观中被给予的实在或外部世界，和理念活动所设定的客体之间出现了一种对立。这一对立以冲动（impulse）的形式出现，作为一种感受状态，冲动像其他感受一样，意味着存在一种有待解决的矛盾。对于试图超越自由活动的无反思的理智而言，这一被感知到的矛盾是那种自由活动的条件。因此，通过冲动，意志被向外引导，而这种冲动直接产生于理想化的自我和进行直观的自我的矛盾中，这冲动的目的是恢复被摧毁的自我同一性。

那么，我们要问的是，这种冲动是如何使得对象的纯粹理念过渡为通过意识而完成的现实实在化的？自由的行动如何规定实在或客观世界中的事物？一方面，从对理念的本性的解释中，我们不难理解，虽然理智永远不能被实在化，但理念在不断超越那种理智在行动中发现自己所处的限制。另一方面，理想作为理念的具体规定，在行动的每一阶段都不断地被实在化；它只是理智通过自身在自己面前设定的特殊的受限目的。理想

165

166

的实在化使得理念保持未被实在化的状态，因此，作为自我意识的持存对于自由的意识才变得可能。在自由活动中，存在着直观的序列，但这一序列中的关联按照手段与目的的方式相联结，而不是处于因果关系当中。现在，我们必须记住，对于先验唯心论来说，客观世界并不是物自体，而是理智在其中显现自身法则的直观的体系。当我们说客观世界发生变化时，实际上只是在说我的直观发生了变化。因此，要求在客观世界规定某种东西，就意味着在我的外在直观中，应当有某种东西被自由行动所规定。因此，我的自由行动具有因果性就意味着，我将其直观（perceive）为具有因果性。现在，理智和意志之间的区别只是相对的，因为必须存在一种视角，从这种视角看二者是相同的。这种相对的区别是由我们的外部反思所造成的。在理智本身中，行动着的自我和进行认知的自我是同一的；区别仅在于作为意志的自我是自身的对象，而作为认知的自我则不是：事实上，这是我们将二者对立的唯一原因。进行直观的自我与行动着的自我是相同的，区别在于前者仅进行直观，而后者直观到自身在进行直观。正是在这种明确的主客体关系中，理智与意志之间才产生了相对的区别；否则，行动着的自我就只会显现为进行认知的自我。反过来说，自我能够在直观中认识到自己是行动着的，只是因为它不仅在直观，同时也思考到自己在进行直观。因此，问题不在于行动着的自我如何与思考外部世界的自我产生关联。如果没有内部的自我活动，就不可能有外部直观。我形成对象的活动必须同时是一种直观，反之，我的直观也必须是一种活动。这一点并没有立刻从直观的本性中显现出来，因为就其自身而言，直观的本性并不是进行直观的，而是被直观的；因此，仍然处于现象观点的自我并没有意识到直观自我与行动自我的同一性。在外部世界中的自由行动所产生的变化，必须与生产性直观的法则相一致，就好像自由并没有参与其中。生产性直观仿佛在完全孤立地行动着，并且依照自己的法则产生随之而来的作为变化的东西。在这里，直观之所以没有将自身呈现为活动，是因为理念的活动、概念或功能是与客体相对立而不是相统一。但是，概念或活动先于客体不过是由表象所导致的问题，如果概念并不真正先于客体，那么唯一的客观存在就是主动直观的自我。因此，就像我们可以说，当自我相信自己在进行直观时，自我实际上就正在行动着；现在也可以说，当自我相信自己正对外部世界采取行动时，自我实际上就正在进行直观。在行动中显现为外在于直观自我的一切东西，实际上都只属于唯一的客观存在，即直观自我；反之，当我们从行动自我中抽象出属于表象的一切东西时，唯一剩下的就是直观。（谢林在此试图表明，在每一任意行动中都恰当地包含着一种直观要素。举个很简单的例子，当我想要抬起我的手臂。任意行动是一个想法，现实的变动则是一个直观。）

换种方式说，先验唯心论所表明的是，并不像人们通常认为的那样，存在着从客观的自然世界向主观的心灵世界的过渡，客观世界只是成为自身的对象的主观世界。当我们尝试解释行动时，也会遇到类似的困难。因为在行动中，似乎存在着从主观世界到客观世界的过渡；在每一个行动中都能自由地推导出一个概念，这个概念将转化为那个好像独立于我们但实际上关

168

169

联于我们的自然世界。那么，如何根据唯心论的基本原则来解释这种表面的过渡？要回答这一问题，只能假定对自我而言，自然世界是通过行动才变得具有客观性的。我们自由或独立地行动，不受独立于我们的自然世界的外部作用的任何影响；世界在某种意义上独立于我们——这两个命题必须被综合地统一。现在，如果世界仅仅是我们的直观，那么只有当我们的直观具有客观性时（when our perception becomes objective），世界才能对我们而言具有客观性。因此，就不难理解，为什么说"向我们显现为对外部世界的行动，从唯心论的角度来看，这种行动只不过是发展了的直观"。任何在自我对外部世界的行动中产生的变化，就其自身而言，都是直观，这种直观和其他直观相同。在这里，直观是客观存在，是为现象奠定基础的东西；在直观中属于现象的东西，是对被认为独立的可感世界的行动。因此就客观或实在而言，并不存在从主体到客体的过渡，就像没有从客体到主体的过渡一样。这里的关键只在于，自我不能向自身显现为，进行直观却没有直观到转化为客体的主体。那么，唯一的困难就在于，如果客观上属于直观的东西要转变为那种在现象中呈现自身的行动，应当如何解释这一转变。可以用一个例子进行解释。假如由于自我的因果关系，外部世界发生了某种变化。如果我们仅仅反思这一变化的事实，我们当然必须说，是自我产生了这种变化，因为对我而言，外部世界中没有东西不是由于我的生产活动而产生的。这种变化的产生，只要它是一种直观——并且实际上它也不是别的东西——就不会有任何变化的概念先于它。但是，如果将产生变化的行动当作反思的对象，那么变化的概念就必须先于变化。这里显现的对象是生产行动本身。在现实的生产当中，没有概念先于直观；因此这种先行性是纯粹理想的，或者说只对直观自身的自我而言才是实存的；换句话说，它只是一种表象。

从上述内容可以看出，一切行动都必须依照自然的法则发生。因此，除非以物质作为中介，特别是我认为与自身相同的那部分物质，即自我的机体，否则我就不可能认识到自我在行动着。并且，我们之前已经认识到的那种作为行动原因的冲动，也必须显现为一种自然冲动（natural impulse），它在不顾及我的自由的情况下发挥作用，并且显然是在由匮乏所导致的痛苦的驱动下迫使我行动。同样，外部世界（行动处于其中）的变化，必须显现为一切使其成为可能的外部条件的结果。看似不可避免的结论是，我根本不是自由的，而是处于物质法则的强制之下。因此，如果要拯救自由，意志就必须有某种其他的概念，而不再仅是对外部世界的行动的概念。意志不仅仅如此，实际上，意志的独特性质并不在于通过行动对外部客体的规定，而在于纯粹的自我规定，或者说规定自身的自我。正是在以纯粹自我为目的的理念活动中，意志的本性才得以被认识。这种纯粹的自我规定构成共同本质，在其中所有的理智都是同一的。自我规定是所有意识的首要条件。这使得自我成为理智的明确对象的活动不能理论地推导出来，而只能通过一种公设（postulate），即通过一种对行动的需求推导出来。自我应当意愿的东西只有自己的自我规定。用康德的话来说，这个"绝对命令"就是命令我们的道德律，它命令我们只"意愿那一切理智都能意愿的东西"。由于所有的理智能够意愿的东西只是纯粹的自我规定或自律，因此正是通过道德律，自我本身才能为自己的对象。但是，道德律并不应用于作为特殊个体的自我，而只应用于作为普遍理智的自我——应用于自我中客观的或永恒的东西。但是，道德律不能仅仅作为纯粹理念而停留，而必须在自然的领域被个体实在化；换句话说，它必须被带入与自然冲动的关联当中，而自然冲动本身就像生产性直观一样盲目运作。在最广泛的意义上，这一冲动的对象是幸福。但是对于自然冲动而言，并不存在追求幸福的命令，因为依照自然法则运作的东西不需要被命令。

173 以纯粹自我规定为目的的直接活动，只能作为那种盲目指向外部客体的纯粹自然冲动的对立。但是这两种活动——纯粹意志所命令的活动，与自然冲动所推动的活动——都必须在意识中将自身呈现为相同的可能性。因此，只有在这种对立的条件下，意志的绝对行动才能够成为自我的对象；正是这种对立使得任意成为可能，因此，任意并非意志自身的原初活动，而是对于绝对意志成为自身的对象的自由行动的显现。对于作为绝对意志的意志，我们不能说它是自由的还是不自由的，因为它只能依照自身本性的法则运作；但作为任意的意志，它将自身呈现为独立于某种外在于自身的东西，因而我们可以说，作为经验的自我也许是自由的。因此，自由就在于相对于自然冲动的独立，或者说与作为绝对命令的道德律的同一。由此我们就在无意中解决了先验自由的问题。自由的问题与绝对自我无关，因为绝对自我不可能是纯粹的自我规定，而是与经验自我有关；因此，只有作为经验性的，意志才能够说是自由的。意志只要是绝对的，就凌驾于自由之上；它不受制于法则，而是一切法则的来源。只有在意志显现自身时，它才作为"任意"出现，并且绝对意志的这种显现就是自由这一术语的本义。由于自我在其自由行动中必须将自身作为绝对意志进而思考为无限，并且在其最内在的本质中，除对于这种绝对意志的思考外别无其他，因此它的这种显现就像自我的实在性一样是确定无疑的。反过来说，任意只能被看作绝对意志在有限者的限制下的现象性显现，因此它是绝对意志在我们身上的反复显现。由于道德律和任意同样是自我意识的本质条件，因此理智在其作为意志的实践活动中，就来到一个与它自身相区别的世界之前，而理智却认为这个世界是自我规定的。

完成先验哲学的实践部分后，剩下的只是说明刚才提出的自由概念与法权、国家以及历史概念间的关系。

我们已经看到，冲动，即自我朝向外部的活动，与自我规定或者自我对自身的行动是相互矛盾的，但个人的自由行动又必须被调和。那么，这两种对立活动的确切关联是什么呢？显然，纯粹意志永远不可能成为自我的对象，除非它与外部客体相关联，但外部客体并没有独立的实在性，而只是纯粹意志用于表现或实现自身的中介。准确地说，幸福就是纯粹意志与独立于它的东西的和谐或同一。换句话说，只有自然冲动与道德律相一致时，幸福才能真正被实在化。仅仅实现自然冲动的幸福是一种梦想，而脱离自然冲动的纯粹自我规定的幸福更是一种幻梦。有限的存在者不可能将单纯的道德形式作为自己的目的，如同不能将单纯的冲动作为目的一样；真正的目的或者说最高的善是在现实或客观世界中的自我实在化，或者说是主导自然领域的纯粹意志。在外部世界，个体间的交互作用决不能取决于纯粹的任性和偶然，而必须由神圣的法则所支配，以便任何人都不能破坏他人自由实现自我的可能性。这种法则不能直接支配个人的自由，也不能应用于纯粹意志，它只能是对自然冲动的限制。外部世界必须如此被组织，才能产生一种超越自身限制的冲动，从而反作用于自身；这种自我调节的冲动必须被所有的理性存在者所认可。这种法则在那种与人类的行动毫不相关的自然界中不可能被找到，而只可能在理性存在者所构成的世界中被找到。但是，就像因果律之于外部世界，与人类行动相关联的法则是正义的法则，它与自然法则一样神圣不可侵犯，因此，它完全不同于道德律，也并非实践哲学的对象，而是理论哲学的对象。正义的法则是一种凌驾于第一自然之上的第二自然，为了每个人的自由，必须将自由人置于正义法则之下。它是一种自然机制，通过这种机制，人们才能够被设想为处于共同的作用与反作用当中。正义法则的纯粹机械性或必然性经由经验所证明，经验表明，任何将正义法则与道德视为同一的尝试都将导致最为可怕的专制。现在，如果法权的法则是在外部世界实现自由的必然条件，那么就有必要确定这一法则是如何独立于个体的意志而产生的。显然，人类一定是在没有任何明确意识的情况下，受其直接需求的驱使，将其作为对暴力的反作用而建立起来的，并且，根据所属民族可能达到的文化阶段而逐渐修改。因此，在环境的影响下，法则会不断地进行调整。正如康德所认为的那样，为了确保每一独立国家中最高形式的意识，所有国家都应服从于同一个正义法则，并且受到由所有民族组成的最高法院的管理。

法则的逐步实现是历史(history)的实质。在这里，我们重新进入实践领域，因为就像自然哲学描述外部实存的演变一样，历史展现了人类自由的发展。历史的理念是历史哲学的特殊问题。严格来说，并不存在历史的理论，因为理论意味着严格遵守某种法则，从对法则的理解中可以预先确定将发生的事件。自然中存在的对于法则的遵循在历史中并不存在，历史是自由的产物。同时，如果历史仅仅是无法则的随意性的表现，也就不可能有历史哲学，因此必须说明，意志和法则是如何在历史中得到统一的。历史发展的特点在于，历史的各个阶段并不固定在一个不变的目的上，而是一种永恒的进步(progress)。个体和世代都会消逝，但是人类的种族仍然存在；每个时代都是更高时代的条件，更高的时代会包含并超越前一个时代。因此，历史是朝着预定目标的不断进展，这种进展是在个体意志中，并且通过个体意志而实现的，并不顾及个体的随意性地自由运作。这个理想的目标并不是文化或科学，而是一个完美的国家，在其中所有人都将成为公民；并且人类正不断地向这一目标靠近。因此，历史就是通过必然性将自由实现的。必然性和自由是无意识行动和有意识行动的关系。这种必然性支配着我们的自由行动，因我们才会无意识地对自身要求，甚至是与我们所意图的相反的要求。这种必然性比我们人类的自由更加强大，并且不顾我们的自由而发挥作用。不仅悲剧艺术，所有的崇高

178

行为都依赖对高于我们自身的东西的信念。如果不是我们确信，无论人们怎样努力反对，伟大的或善的东西都必将到来，我们又怎能意愿这种伟大的或至善的东西呢？这种信念的力量来自，我们确信不管任何人还是所有人都不能阻挡人类向其理想的目标前进的进程。这种秩序并非世界的道德秩序，因为世界的道德秩序依赖自由，并且是一种有意识的目的，而这种秩序是一种绝对客观的东西，它使得意志达到最深刻的程度，并且向我们保证最高的目的终将实现。但是，除非存在一种力量是人类一切发展的基础和目标，并且甚至能够将人类的蠢行和犯罪转化为实现自身目的的手段，否则上述保证就是一种错觉。所有行动的这一完全综合体就是绝对者（the absolute）。绝对者和无条件者中不存在自由和必然性、意识行动和无意识行动的对立，而只有完全的统一或"绝对同一"。这种人类发展的所有阶段的统一是一切意识的基础，是"永恒的无意识"，它永远不可能成为认识的对象，而只能是信仰的对象，是一切行动的永恒前提。

　　人类越进步，自由和法则的同一性就越明显，个体随意性的干扰和偏离就越少发生。因此，世界的历史是绝对者的无意识展开，是对"上帝实存的不断印证"。上帝不是某种个体或纯粹客观的存在，而是神性在人身上的逐渐启示。启示永远不可能完成，因为那样的话，所有的发展以及随之而来的自由的显现都将终结。世界是一首神圣的诗，历史是一出戏剧，诸个体在其中不仅担任演员，同时也是编剧；但是，是那唯一（one）的精神，指引着所有的个体，并引领个体性的混乱运作向理性发展。绝对者的演变分为三个时期。在第一个时期或悲剧时期，主宰一切的力量是命运，它无意识地摧毁最伟大也是最高的存在者；在第二个时期，从罗马共和国的扩张开始，绝对者显现为自然或是对外在法则的服从；第三个时期尚未到来，我们也无法预知其降临的时间，但在其中，我们将会发现，即使前两个时期也确实是天意或上帝的完美显现。

第七章　目的论与艺术

要完成先验唯心论的宏伟构想，接下来只剩下放置拱顶石（cope-stone）的任务了。在到目前为止的阐述中，谢林的工作仅仅是在体系性的统一体中将不同思想联结起来，这项工作无疑借助了费希特在其他早先著作中初具规模的成果。很显然，谢林将进行阐述的崭新部分乃是他实践哲学的成果，谢林在这个部分快速地勾勒出一种将被完成的历史哲学方案；也正是在这里，谢林对绝对者之理念清晰、确定的概述才首次出现：绝对者被当作必然与自由的一种综合，这一综合在人类历史的具现（incarnate）诗篇中实现。但由此出发，很自然的是，谢林应该表明无意识与意识的统一体——这个统一体在宏大的历史运动中将自身展现在哲学家的眼前——如何成为个体理智现实的自我意识生命的一部分。绝对者仅仅以一种客观的方式向哲学家的

抽象视角表现自身是不够的，它必须在人的具体意识中再现自身。那么，在心灵的什么阶段，自我意识在其最完满的意义上得到了实现呢？对于费希特来说，最终答案似乎被包含在理智本性之中，即理智本性在行动中实现自身，并且在其周围建立起一个客观世界；但谢林不满于自然与行动、理论理智与实践理智的二元论——费希特的解释并没有完满地解决二元论问题，谢林试图寻找一种更为亲密的结合。虽然，通常人们认为，谢

林的回应与他和浪漫主义者紧密的个人联系相关。但是，对这种联系的强调毫无疑问言过其实了。正如我们看到的那样，谢林偏爱艺术，这在某种程度上确实可以算是原因之一。但在这里，正如在其他领域一样，谢林灵感的主要来源是对康德著作的精通，特别是对《判断力批判》的熟悉——正是在该著作中，康德致力于超越他所建立的二元论。谢林与康德之间的联系在此尤为紧密，因为在两者的思想中，有机生命的内在目的论和艺术的意识目的论是相互交织的。但是，我们绝对不能说谢林没有进行同化吸收或改变，就简简单单地挪用了康德的理论。*183*在此，正如以往一样，谢林将康德的理论改造为新的观点，这一观点从否认理智受某物绝对限制而不受自身绝对限制出发，并将理智展现为一种活生生的进程或发展进程的持续努力。

1. 所有行动必须被看作自由与必然、意识与无意识的原初统一体，正如它在这一事实中体现的那样：个体和种群的行动都是自由的，而又必须服从于自然法则。在我们的直接意识中，是我们在行动，但客观来看，不如说是某种他者通过我们在行动。这个他者就是无意识，它必须在我们之中被体现为与意识相同一。理智必须不仅仅作为必然与自由的同一性，而且也必须有意识地直观到这种同一性是它自己的产物；或者，用谢林的话来说，"自我自身如何能够意识到主体与客体的原初和谐，这一点必须被解释"。并且因为那种和谐仅仅只能存在于机械的自然法则与第一因概念的和解中，所以必然和自由的产物必须展示出方式的合目的性，或者至少展示出这种适应的显现。那么，存在任何一个结合了这两种特征的直观客体吗？答案是存*184*

在。有机体首先处于机械法则不可战胜的统治之下，但与此同时，若排除目的因理念，有机体将无法得到解释。我们的确没有权利说，有机体起源于这样一种理智，这种理智在一种预先存在的模型或理念之后永恒地构造着有机体；但同样说得通的是，仅仅通过机械原则，有机体与其他直观客体的典型差异是完全不可解释的。无论物活论（hylicism）还是意识目的论都经不起检验。它们都无法对有机存在者的无意识发展进程做出说明：前者被驱使着去主张物质本身就是有意识的理智，后者则主张存在一个与有机体截然不同、互相分离的理智，外在地作用于物质。不必多说的是，上述每一种主张对于有机实存者的解释都是灾难性的。第一种解释导致一种独断的物活论，这种物活论本质上是荒谬和自相矛盾的；第二种解释将有机体当作人工产物，并且完全未能解释它们的潜能。唯一避免两种主张不完善之处的理论需要认识到：物质不是独立的实在或自在之物，而是进行直观活动的理智的无意识产物，有机体中的适应性表现应从如下事实中获得解答，即它们是一个依照自身必然法则行动的理智产物，所以该理智在其无意识产物中展示了目的性，而目的性是有意识活动或自由活动的特征。因此，有机体处于自然法则的支配下——实际上就是理智给予自身的法则——但被展现为被有意识的目的所塑造。一个有机存在者被盲目的机械论自然法则产生，但产物却在其结构和功能上，体现了合目的性的特征。一个有机体不能被目的论所解释，但不借助目的论我们又不能够认识有机体；目的论的解释是不可接受的，目的论式的直观却是必要的。由此得出，在有机存在者中，我们已经客观地融合了意识与无意识、自由与必然。因此，就进行直观而言，理智正是在有机的实存者中发现了无意识与意识、机械论与目的论的同一性，这正是我们当下在研究的。在生命里，我们外向性地或者说产物化地展示出那些内向性的或生产性的理智。由此，我们下一步必须在理智自身中找到对这统一体的明晰意识。谢林在艺术中找到了这一点。

2. 在有机自然的内在目的论方面，谢林区别于康德的关键 *186* 之处主要在于，他将机械论和目的论的统一体——这与谢林哲学的核心原则相符——解释为个体中理智无意识操作的产物；而康德宁可将统一体视为形式。康德认为，如果我们的理智能够把事物看作一个整体而不仅仅是一个部分，那么从我们有限的人类角度来看，这种统一体就是我们被迫向自己表象的一种存在形式，而这种存在形式毕竟是可以用纯粹的机械原理来解释的。简而言之，康德与谢林的区别在于康德被人类与神圣理智的二元论中引出的阴影所困扰，因此不能够道出任何确定性，即实存者对我们展现其自身的方式，康德所道出的只不过是实存者的一种可感象征；而谢林却确信，哲学对实在性给出的解释不能够被放置于一个从本质上有别于我们理智所引出的任何假设之中，一个预先假设的理智是超验的或者不实存的。同时，正如我们之后会更完整看到的那样，谢林不是真的让二元论的幽灵消失，而是在无意识的形式下再次提出它；因为从字面意 *187* 义上看，"无意识"是过去探索所揭示的最底层。

康德和谢林在艺术方面的观点差异，与隐含在他们对有机自然的解释中的差异相似。在此，谢林发现了对实在性的原初生产的一种解释，而康德在这里，除了一个对于有限人类理智可能的神圣者的启示，没有看到别的东西。谢林认为，每一个实在的艺术作品都是自由和有意识活动的产物；然而若不涉及其中包含的必然和无意识要素，就不可能解释它的典型特质，相反，这种做法将产物与亚里士多德区分出的生产性艺术分离了。艺术家确实是有意识地在他的操作下形塑材料，并将其置入优雅与美的形式中，但他的纯粹技术性技艺与诗性活动本身有很大差别。如果创造力在这里不存在，那么就会导致产物生命的匮乏。"制作者"处于其天赋的支配之下，这种无与伦比的才能有时也能在科学活动中被发现，但更多时候，它一直呈现在所有天才的艺术作品中。因此，天赋之于美学正如理智之于哲学家，至高实在本身从不转变为一个确定的理智客体，但却是所有客观物的原因。

在艺术作品和自然有机产物之间存在一个显著的对照。在两者中都存在自由和必然的直接统一体；但在有机体中生产性的理智活动是隐藏着的或者说无意识的，因此手段的合目的性仅在产物中展现自身，而在艺术中生产性活动是有意识的，产物则包含了无意识元素。每一个艺术天才作品的根本特征是它的无意识的无限性。艺术家有一种神圣本能，并通过它表达出某种存在的但仅仅对他自身显露了一半的，以及不能够通过有限知性来把握的东西，从而创造出一些比他所认识的更好的东西。艺术家对于有限性与无限性的矛盾的感受是难以言状的，它让艺术家无法停歇，直到艺术家为它寻找出一种合适的外在形式。这时候，一种无限性的满足感就应运而生，这种感受是完美的客观和谐在主观性中的表达。必然与自由的这种统一体是美的源泉，它作为无限在有限中的实现，是艺术作品的根本特征。并且，它不朝向任何有限目的，比如快乐、用途、道德 *189* 或科学。

在艺术中理智才首次成为完全意义上的自我意识。哲学的确表明自然和历史是理智的无意识产物。但是，仅仅作为实在性的一种抽象图像，哲学不是意识与无意识的一种现实统一体。只有在艺术中显现为一种超意识现象的理智活动，才明晰地进入意识之内。在探寻理智本性的每一个点，我们都被迫假定一个对理智本质无限性的原初限制，但只有当我们到达艺术领域时，理智才领悟到它的对立活动的现实统一。因此，我们在这里通过连续的步伐，缓慢朝向终点，最终抵达理智。艺术是哲学的真正官能。自然和历史对于哲学家来说是行动和思想，而对于艺术家来说，其不再是一个在持续限制中呈现自身的理想世界，因为两者永远相互一致。如此，我们的体系完成了。我们由一开始的理智直观，成为审美直观的一个明晰客体。审美 *190* 直观不仅仅如理论理智那样沉思世界，也不是像实践理智那样规范世界，而是生产或创造世界。

第八章 同一性体系

我们也许可以期望，即使是以一种不那么完满的总括、重述方式，谢林《先验唯心论体系》中令人鼓舞且尤具启发性的特征也已经部分地呈现给读者了。特别是对于那些渴望理解康德到黑格尔之变迁的人来说，熟悉这本著作是十分必要的。虽然"没有什么东西应被恶意对待"，也"没有任何东西应该被无端贬低"，但正如谢林自己多次强调的那样，像"孩童般的信仰"一样去接受哲学领袖的断言，也是背叛他们精神的；因此，我们应当以对他们的哲学的最严格审视，来尽可能地展现我们对他们所给予的崇高礼物的欣赏。

除了一些特定方面的优越见解，谢林著作的主要价值在于，它无处不在地对于以下真理进行了强调，即宇宙不是一个僵死的、无生命的产物，而是一个活生生的进程，理智在其中进行着创造并在创造中意识到它自身。所有形式、样态以及事物的不同呈现都或多或少指向同一个永恒、无限的本原。自身活动在自然中，如同在人类意识中一样进行着自我规定。物质不是一种僵死的产物，虽然对于视觉感官来说是一种惰性且无生命的聚合体，但在其中却充盈着理智逐增的生命；因此理智在各阶段以它多样的方式展现给人类，理智在其开端是内含着的，直到最后外显出来。与此一致的是，如果我们从进行认识活动的主体一侧出发，从低到高的活动样态所构成的持续性演化进程也由此展现。作为感性特征的、"某种不根属于我"的直接感受，它在直观中就进入了主体与客体的明显对立状态；而在反思中，关联于客体的心灵活动领悟则被提升到意识的清楚光照下。但理念的演化进程并不在此终结；因为在人类的行动中，那个从一开始就隐约存在的而且变得越来越明显的东西，就是作为一个有自我意识的现实存在者，它处在一个由诸多自我意识存在者构成的世界中，这些生命被束缚在同样的道德法则下，且与它自身一样，注定要在一个自由的地方，或者更确切地说，在那个伟大的政治(πολιτεία)世界中过着自由的生活。最后，我 ¹⁹³ 们仅仅模糊地获得了一个对神圣理智所朝向的运动的明确认识；但它在对有生命之物的诸合目的活动中向我们显露，并且在诗人的直观中变得更为清楚。诗人有意识地创作着，却在创造中创造出一种产物，这种产物揭示的内容比展现在诗人自己心灵里的内容更多。对于发展、进程、目的性的认识，谢林与黑格尔保持了一致；事实上，在一些泛泛的观点下，我们已经将谢林的理论总结成黑格尔体系的一份仓促的纲要。但是，更进一步的审视将表明，谢林仅仅是与黑格尔共享一个源头，而黑格尔那里一些最具个性和价值的东西往往被谢林忽视。因此，对《先验唯心论体系》作一些批判性评论是明智的，为了尽量减轻理解负担，我们在此列举出它的优点和缺点。

尽管《先验唯心论体系》相对较短，但它在某种意义上横跨了哲学的整个领地。首先是形而上学、自然哲学；然后是精神哲学，或者，更确切地说，它提出了可知现实的最高前提、自

然的层次、知识的阶段、伦理的根据、艺术的原则以及宗教的
本性。无论一个人被多么高度赞赏，他都不可能一口气全部建
构出来一个像这样完整的哲学科学百科全书；因此，即使这部
著作很大程度上是模糊的、粗略的且不能令人满意的，我们也
不必对此表示惊讶。我们衡量一种哲学的价值，不能仅仅看它
是否抓住了一个核心的本原，而是应该考察这个本原应有的总
体性和融贯性是否被发掘了出来，并被应用到人类思想与实践
的各种领域。虽然，谢林承接着康德所开创的事业，以及费希
特对于康德哲学的天才洞见，但我们也不能指望谢林完成比现
在我们所看的更多的东西。也许我们说，即使谢林机敏且想象
力充沛的性格得到再大的自我限缩，也不能使得他建造出如其
杰出的后来者黑格尔那样的哲学大厦，这并非不公正的说法。
以一种炽热的渴望，他在几乎"如日中天"的时候匆忙完成了这
部哲学著作，并立即转向这个体系显露出的一些逻辑结论——
由于他的匆忙，这些结论没有被他第一时间发现。而他又在呈
现给公众的新作品中为自己辩护，在序言中自欺欺人地解释说，
那些误解只是他出于对读者智力的考虑，才没有做进一步阐述。
我们必须公正地说，对于谢林而言，《先验唯心论体系》比起他
其他著作有着更低的地位；由于上述理由，它没有被十分充分
地完成，实际上仍属一种未将两个对立本原统合为一的不成熟
方案。它没能勾勒出形而上学（作为关于可知现实的哲学）和心
理学（作为关于个体心灵的哲学）之间的清晰界线。该著作中最
成熟同时也最完美的或许是理论哲学部分，该部分描述了知识
的各个阶段；次一等的是实践哲学部分，该部分作为一份对费

194

195

希特伦理学基础的简要、清晰的陈述是十分有价值的；除此之外，实践哲学部分还包含对历史发展的构想，这一构想是该作品中除将艺术理念作为理智与自然之同一性的最终解决方案外，最为原创的部分。严格意义上，作为一个知识整体的《先验唯心论体系》并非一部纯原创作品；它甚至不比费希特从康德那获得灵感并由此创作出的《知识学》更具原创性，很大程度上更比不上康德的"三大批判"。当然，如果我们不考虑如下内容，如此审视谢林显然是不公平的，即在《先验唯心论体系》中——特别是在理论哲学部分，谢林大量吸收费希特的成果——充斥着诸如发展进程这些明确的概念，借助这样的概念，谢林借用的所有要素被融入一个统一体。另外，理论哲学部分甚至还包含一个最具标志性以及从本质上讲最具价值的尝试，即他试图将康德僵硬、牵强对照起来的关系范畴——实体、原因和交互作用——在观念性发展的秩序中正确地联系起来。

在导论中，谢林在自然哲学和知识哲学之间描画出一种的强烈对立，这种对立同时成为他体系的优点和缺点。所有知识都在于主观性与客观性的一致，前者的总和正是理智，而后者的总和是自然。因此，正如谢林所坚持的那样，表明自然如何通过连续的进程上升到理智，以及解释理智通过怎样的连续进程为自身构造出自然，是同等必要的。众所周知，这两个基本起源或"本原"对费希特来说，却是一块坚硬的绊脚石。他很自然地发问，怎么可能有任何"客体"不与"主体"相关联，且正因此，我们又怎能够坚持理智与自然之间的平行论呢？毋庸置疑的是，谢林的观点存在着严重的缺陷。我们不可能将谢林从这

种方案中解放出来，即他通过一种非法的方式孤立事物，并且
固执地将它们绑定在一起。自然脱离了理智就立即倒退为仅仅
一个物自体，进而，谢林恢复开端已然失去根基的努力就全变
得无效了。他想通过诗性官能——它同时既是创造性的又是无
意识的——将他分离开的东西重新联合起来的最后尝试，实际
上就是对失败的承认，这或许也默默预示着他即将被迫踏上跃
入黑暗的道路。但是，令人困惑的是，费希特究竟在多大程度
上，或者说有多大的正当性去控诉他过于热情的后继者。正如
我们已经看到的那样，在费希特自己的理论中，在两个截然不
同的原则之间存在一种暧昧的融合，这种融合实际上也存在于
谢林将理智与自然对立的根基处。费希特的哲学试图在这样一
个假设的基础上解释现实，即除了有限理智的总和，不存在其
他理智，用谢林的话说，这些理智就是"宇宙的承载者"。但是
费希特，几乎不由自主，不得不区分了绝对自我和有限自我，
并将后者看作永远朝向一个不可能被达到目标的努力活动。因
此，这种"努力"是在个体理智中显现出来的，也是个体理智由
其存在的原则使得它不得不服从的。这样，个体与绝对自我之
间的区别就逐渐显现出来了，而根据费希特的原则，这种区别
是无法被进一步解释的。它是某种我们知道的东西，但却不知
道它是什么，换句话说，它是康德那里排除了任何解释性规定
的物自体。同样的倾向在费希特的知识概念中也作为一种进程
出现了，在该进程中，理智立即给予自身法则并服从这些法则。
并且，费希特自己坚称知识和生命是完全不同的；前者是一种
图像，后者单独来看才是现实。因此，在费希特那里，我们毫

无疑问拥有两个要素，这两个要素为谢林关于理智与自然的差异提供了一种相对的辩护。一方面，他在实践上承认一个"某种与我们自身不同者"在我们之中并且通过我们活动着；另一方面，他将知识与存在对立起来。所以，我们很难说谢林绝对地与费希特相冲突，但是谢林自己似乎就是这么认为的，尽管他或许也没能走出费希特哲学的立场——我们将在黑格尔那里看到克服该立场的一种可能——并走向一个更高阶段。

为了明确谢林所发展出的自然和理智之对立中的真理与谬误，我们必须勾勒出个体与绝对理智之间的清晰界分。自然明显独立于理智本身，并且自然也因此可能被合理地认为是在某种意义上独立于理智的知识。但当我们这么说的时候，必须附加上一句，并不存在完全不与理智相联系的自然。谢林也并不真的认为存在着这样的自然：他所坚称的是，"客观的"世界——外部事物的世界，包括有机存在者，甚至也包括作为一种有机体的人——在思想中与人之中的自我意识理智相分离，并且在时间上先于它。谢林的最不完善之处并不在于它将人与自然对立起来，而在于他坚持两个截然不同领域的彻底二元论。从现象的角度来看——在该观点中我们描绘出自然的各式各样表现形式——我们甚至必须说，正如自然的每一较低阶段指向一个更高阶段，而较低阶段在更高阶段中消融了；因此，作为整体的自然只能被既包含在自然中又超越它的人类所解释。为了替代将自然和理智作为两个并列领域——并且每一个都只能通过自身得到解释——对立起来的做法，我们必须坚持认为自然仅仅是理智的一个较低阶段。只有通过这种方式，我们才能摆脱隐含在康德和费希特那里，并被谢林明确表达出来的二元论。因为，当我们说自然和理智像两条平行线时，我们实际上是将理智还原为自然了。两者都必须被解释为同一种活动的显现，这种活动现在显现为自然之后，又显现为理智；除非它的生成能立即表明其中一个必须被视作另一个的不完满或不完整形式，否则这一活动显然不能被规定为，在一个领域里比在另一领域里更为高级。据此，每一个领域的本质都被谢林消化，自然和理智被他同等地把握为纯粹自我活动的显现。现在自我活动毋庸置疑地被谢林解释为与自我意识理智同一；但对于谢林来说，这种解释被这样一个事实所妨碍：他已经将两个世界当作平行对立的了。所以实际上，"自我"消失了，所剩下的只有"活动"。在他作为哲学的最高本原的"我在"概念中；在他对相互限制的两种对立力量于理智上不加批判的消化中；在他主张于诗的无意识创造能够发现自然和理智的统一体时；最终在他超越理智和自然，向"所有奶牛都是黑色的黑夜"的飞跃中，都体现得十分明显。实际上，唯一令人惊讶的一点是，谢林在他写作《先验唯心论体系》时，怎么会没有看到，自然与理智的平行论必将伴随一个隐含着的、超越两者的统一体；对于谢林来说，这个统一体只能是那个让自然和理智在其中相互统一的统一体，或者说，是它们的"绝对无差别"。

因此，我们必须说，相比费希特，谢林更精确地规定了自然客观世界的尝试是正当的；但他将自然与理智置于同一平面的做法却是不正当的。事实上，这就是他的泛神论以及所有其他泛神论的来源和理论基础。因为，当理智与自然被绝对地对立起来时，即使声称自然仅仅为知识而存在，也不能避免将理智思考为一个有限主体，这一有限主体与有限客体的世界相对立；因此，两者的统一体必须在一个显现自身的力量概念中被寻得，它现在作为思维主体，之后又作为被思维客体，但主体和客体都没有任何实在性——除非它们作为超越于它们并处于它们身后的力量的一个阶次。

1. 鉴于谢林唯心论的基本原则，我们不能说谢林在费希特之上有多少优越的创见。两者都起始于理智自身进行的直观；两者都在理智本性中发现了对立活动的一种原初二元性；并且两者都与三条主要原理，即同一、对立和根据的逻辑法则相联系。也许谢林"所有规定都是否定"的主张倾向是非常明显的。因此，他在理智努力限制它原初的无限性这一必然性中找到了对知识的解释。我们当然要认识到理智之无限性的巨大重要性，但是它不能像谢林所倾向的那样去设想，即仅仅作为所有规定性的否定。因为，当以这种方式看待无限者时，使它成为其所是的确定内容，必然显现为某种偶然的或外在的且无限者必须设法逃离的东西。理智自在地被认为是纯粹无限性，仅仅因为它要意识到自身，便必然地将自己当作受限制的或被规定的。由此，自我意识成为纯粹自我的一种偶然规定，并因此如在自然与理智的对立中那样，最高实在性仅仅只能在对纯粹存在的抽象中被寻得。谢林的思想体现了这种抽离理智所有规定性并且将剩余下来的东西建立为绝对自我的倾向，但我们必须对此补充道，他的体系同样展现了一种相反的倾向。自我不仅仅是纯粹无限性，而是在所有知识和行动中持续肯定自身；它不是

一种惰性实体(inert substance)，而是一种自身肯定着或自身持
存着的活动。从这种观点来看，所有客体都必须被关联到自我
身上，并且只有在与自我的关联中它们才有实在性。知识和行
动的各个阶段仅仅是更完满和更完美的形式，理智在这些形式
中展现其本性，并且不断达到一种更高的自我意识。在谢林那
里，我们无时无刻不在发现抽象物和具体物二者对立本原的冲
突，并且很难说究竟哪一方获得了胜利。之前我们在自然和理
智的对立中看到抽象本原，和在自然的观念性演进中看到具体
本原；在这里我们发现，同样的本原在支配性地位、抽象存在
在作为纯粹同一性或否定的无限性的理智概念中反映出来，而
具体存在作为一种无限进程或不断进展的自我意识，在其显现
中反映出来。

　　2. 谢林哲学的理论哲学部分已经大体上被刻画为一种形而
204 上学和心理学的混合体。作为一种心理学，它包含对知识的各
个阶段非常有益并且大体上准确的刻画，正如在感觉、直观和
反思中所展现的那样。对于认识主体来说，感觉蕴含着对一种
限制，或者对某种不由主体自身制造出的东西的意识，这一点
很明显符合它的本性；当谢林补充说，感觉在作为理智的自我
限制之外没有任何实在性的时候，感觉作为隐含的自我意识的
特性就被把握了，这种把握一下子就揭示了它所谓的被动性，
也使经验主义心理学家的观点显得相当愚蠢。就直观而言，它
除了是明晰的感觉，以及主体与客体之对立出现的成因，几乎
没有更多的内容；而当我们进一步认识到，一切知觉——从它
在确定对象的空间和时间时所采取的最简单的形式，到把它更

全面地确定为对象的集合体，即通过它们的相互活动而彼此限制的集合体——都是理智活动的表现时，我们至少在进行阐述的模式上比康德有了进步。最后，在谢林通过分析产物与其思想进程的区别，而将反思仅仅看作理智的更进一步规定的这一阐释中，我们获得了对知识之本性、对思想与实在之抽象对立超越性的清晰洞见，而这正是唯心论真正的典型特征。

3. 但是，谢林没能看到的是，他对知识的演进进程的描述已经破坏了自己的出发点，即理智与自然的独立；因此，他继续沿用费希特的方式，使理论理智附属于实践理智。离开现象的视角，这种附属关系便不具有真理性。在所有的现实里，如果理智仅仅认识它自身，那么否认理智与自然之间本质性的相互关系就根本不具有任何正当性。谢林坚持认为，在知识中我们无法获得主体与客体的完满统一。他对此给出的理由是，只有在理智对自身活动的明确认识中，它才能获得对自身的意识，并完全从一般的二元论中获得力量。在这种二元论中，自然被看作某种被动得到领会的东西。换句话说，虽然谢林有理由说，只要我们不上升到唯心主义的高度，即使最高阶段的知识也没有解决主体和客体的对立，但他没有理由把理论理智绝对地从属于实践理智。理论理智和实践理智实际上都是同一个不可分割的理智的部分显现，因此，没有一方比另一方更高级或更低级。谁在知识中客体更具主导地位，谁又在行动中主体更具主导地位？这一事实并不是将一方置于另一方之上的理由。只有一种对主观观念论之约束的不完满挣脱，才会导致对上述观点的支持。

4. 实际上，谢林自己也承认，因为他不断在艺术中寻求对知识和实践中隐含的无意识因素的最终解释；他由理智的实践活动对客观性进行的解释是并不令人满意的。他的解释不能够满足任何一个严肃地追问艺术的无意识意味着什么的人。艺术天才的作品，如在世界历史上留下痕迹的伟大事业一样，在自身之中包含着一种无意识要素，这点已经体现得足够明显了；但这绝不意味着"无意识"就立即与终极现实同一。无意识要素仅仅是人类有限性抛出的阴影，这种阴影只能由哲学之光驱散。在所有知识和所有实践中，都存在某种感觉，它显示出某种东西并不是通过我们自身而出现的。这种存在于我们普遍意识中的感觉，在宗教和哲学中是对人类有限性或依赖性的认识。换句话说，无意识或不可知的东西就是在康德哲学中最终充当上帝的"自在之物"，并且任何遵循人类理智活动内涵的哲学都必须被这样处理。但是，谢林《先验唯心论体系》里所达到的阶段，并没有使他自己从一种片面的观念论枷锁中解放出来；由此，他试图表明在艺术活动中存在着无限者与有限者的一种交融，这在理论理智和实践理智中仅仅作为潜藏在背后、驱使心灵朝向更为崭新的自我显现的动力。谢林认为费希特的实践唯心论不能令人满意，但他同样也对此近乎无能为力；他似乎在艺术创造活动中发现了他所寻求的理智与自然的统一体，最终，在"无意识"中寻找避难所。谢林实际上承认，他没能解决这一哲学问题。这一失败，正如我们已经在上文所表明的那样，是他从理智与自然的站不住脚的对立出发导致的必然结论。他的下一步进展也已经被指明了。谢林发现，无论从自然发展到理智

207

208

的过程，还是从理智发展到自然的过程，都没有产生两者的统一。一种真实的本能，以及他所接受的哲学训练，都向他表明这就是哲学的目标，因此，谢林就开始从主体和客体的抽象同一性或无差别中寻求统一。我们将花一些笔墨来描述这个几乎已在《先验唯心论体系》中完全显露出来的同一性体系。

关于谢林"由于新的灵感激发而跃入各种各样的方向"的说法，在某种程度上是有误导性的。谢林哲学在其连续性方面始终存在问题，且几乎没有任何解决办法……在《先验唯心论体系》中，他努力将费希特的主要原则和他自己关于自然的结论结合起来，并且这不可避免地使他努力超出自己的出发点；所以在《对我的哲学体系的阐述》(*Statement of my System*)和《学术研究方法论》(*Lectures on the Method of Academical Study*)这两部总结同一哲学的著作中，他迈出了在逻辑一致性上不可避免要迈出的一步。在前一部著作中，谢林采纳了我们熟悉的在斯宾诺莎 *209* 那里的数学化阐述方式，这符合他极少令人失望的精于书面表达的天性。但是，如何才能更好地建立起同一性体系呢？说谢林是由于斯宾诺莎的研究而外在地被引向同一哲学这种评论只能迎合肤浅的谢林研究。但的确，撇开任何对这种说法的深入反驳，谢林与斯宾诺莎的亲缘性可以追溯到他哲学生涯开端这一事实。而这可能会让问题迎刃而解。

在介绍上述提到的第一部作品时，谢林实际上坦白，知识哲学和自然哲学的独立性与平行关系仅仅表达了一半真理，它需要另一半来补充，并且两者必须作为一个整体在一个实存哲学的体系中统一起来。这种坦白展现出谢林作为一个原创思想家对于科学的孜孜以求，而我们已经看到，这无疑是谢林的天性，而这也同时突出了他精神方面的脆弱性，这种脆弱性与他表现出的野望相适应——这种野望正是，他希望在自己失去新鲜感之前，让公众掌握他的最新思想。他说，完整体系已存在于他心灵之中，并且他已经从不同角度出发将其呈现出来，但他现在发现自己被迫在他所期望的时间之前，将其作为一个整体告知公众。这当然只是一种自我欺骗；而当谢林不断说，在他之前的著作中存在着同一性体系的萌芽，而现在他试图以一种明确的方式完善它时，这毫无疑问是正当的。自然哲学和先验哲学是他哲思中的对立两极；同一哲学从无差异开始，并进一步表明对立的极性如何可能从中发展出来。因此，整个体系必定不能建立在理智和自然、主体和客体的反思性对立之上，而是要建立在通过绝对者且在绝对者之中的所有现实生产进程之中。如果将费希特的唯心论用"自我＝一切"这一命题来概括是正确的，那么谢林自己的唯心论将以这种形式展现，即"一切＝自我"；换句话说，当费希特以拥有一个与自身对立的客观世界的理智为出发点——因此该理智是有限的或主观的，他尝试表明世界仅仅在与有限主体的关联中才具有现实性时，谢林从超出主体与客体二元论的理性出发，进而建立起两者的同一性。由此，理性并不指涉任何个体理智的理性，而是指涉理智与自然的完全无差别或绝对同一性。这一理念是通过对主体与客体的二元论进行彻底抽象而获得的，因此也是对进行思考活动的某理性个体的抽象。以这种方式，我们获得了真正唯一的现实性。因此，哲学表明"自在之物"的唯一智性含义是对事物的认识，或者说是对有限者的认识，因为它们位于绝对理性中。哲学的特征在于它超越了所有有限性的区别，比如时空的区别，和一般而言想象力给予的一种表面上的独立性与实在性的所有区别，并且哲学将自身置于理性的观点上。

在理性之外不可能存在任何实在性，因为有限者就其自身来说是不实在的；有限主体仅仅在与有限客体的对立之中实存着，而有限客体仅仅相对于有限主体实存着；两者的统一体位于那个同时作为两者存在的东西中，因为它不是两者中的任何一个。显然，理性在最绝对的意义上是唯一的，因为在它之外不存在任何能够限制它的东西，并且在它之中不存在现象性的区别，比如主体与客体的区别。理性的最高法则，并因此作为全部实在性的最高法则，是同一性法则"A = A"——独立于时间或永恒的这个法则是绝对真实的。此外，理性与绝对同一性相同；它是无限的，并且它的同一性不能被摧毁。从理性的观点看，不存在有限实存者，因此试图解释——除斯宾诺莎以外所有哲学家都试图这样做过——无限同一性如何走出自身是荒诞的。真正的观点在于：所有实在性是无限的，而有限者仅仅具有表面上的实在性。对绝对者的认识是无条件的、不需要证明的，它直接来源于同一性法则；就其是实在的而言，它不能从绝对者中分离，而是被包含在绝对者的本性中。这一形式存在于绝对者的实在性之中，并且伴随着该实在性而被给予，因此在绝对者和其形式之间不存在时间上的先后次序，两者是永恒统一的。在"A = A"这个公式中，主词与谓词的区别并不影响绝对者的内在本性，而仅仅是一种形式上的或相对的区别；换句

212

话说，绝对者仅仅处在完满同一性的形式之下。绝对者不能够认识到自己是绝对同一性或无限者，除非将自己当作主体或客体来认识；但这种区别仅仅影响它的形式，而不影响它的内在本性或本质。在主体与客体之间不存在质的差异，因为那样将意味着在绝对者的内在本性中存在一种对立；由此，实在性的所有区别都是量上的，或者说区别意味着主体或客体、认识或存在的优势地位；并且仅仅由于这种量上的区分，主—客体性的形式才是现实的。有限者的区别不是一种在绝对者本性或本质中的区别，而仅仅是由于反思才形成的形式区别。关联到绝对总体性，这里甚至不存在量的差异，而只有主体与客体的完满平衡；心灵与物质是同一种力的表现，而在进行区别的存在中，一方面看，观念物胜过物质，另一方面看，物质却又胜过观念。从理性的观点看，主体与客体的分裂不具备合法性，并且是哲学中所有谬误的源头。每一个别物都在绝对者之中，并且凭借绝对者而拥有实在性，它们的有限差异仅仅是形式，在这种形式中，绝对者的实在性显现为一种被规定了的量的差异。作为绝对者的一种特定表达或显现，每一个别物都可以被看作相对总体性或者某种意义上的无限者。在量的差异性形式下——这一形式区分了心灵与物质，主体与客体——显现着的绝对者可以用"$A = A$"这一公式来表达，也就是无差别点，而主体与客体的对立——这种对立可被比喻为一个磁体的相反两极——可以分别用公式"$+A = B$"和"$A = B+$"来表达。因此，这个体系既不能作为唯心论，也不能作为实在论，而是由于统一与区分了双方，恰如其分地作为绝对同一性体系而得以呈现。谢

213

214

林明显打算通过对各种现象的阶段性阐述来大体展开他的主要原则，在各个阶段，绝对者一方面将自身显现为自然，另一方将自身显现为心灵，但实际上这仅仅展示了事情本身的各个阶段。由于对此的阐述在本质上并不与他的自然哲学有什么差别，所以我们在此就不详述了。《学术研究方法论》给出了一个更为完整的表述，但是除开其中偶尔对晚期神秘主义的预先展露，其体系的主要轮廓还是一样的。

在我们当前所考虑的思辨阶段，我们非常清楚地看到两个对立本原争夺支配地位的冲突，并且我们也曾看到这种冲突贯穿了整个《先验唯心论体系》，并且损害了它的绝对价值。一方面，绝对者或理性完全与其表象分离，并因此陷入一种冰冷、*215*僵死的同一性中，不容许任何运动或生命；而另一方面，由于绝对者在理智和自然中显现自身，最初被否定的具体之物要复归于它之中。从字面上来理解《对我的哲学体系的阐述》的公开段落很容易招致批评，费希特就曾反对它带来的糟糕后果。正如费希特所说，一种作为"主体与客体之完全无差别"的理性是"立即完全被规定了的，是自在地终结了的或者说是僵死的"；不存在任何可能的方式使得"以任何可靠和合逻辑的方式离开第一命题而进入第二命题"；所以应用于其上的诸规定，如无、总体性、统一体、自身等同等都是完全没必要的。替代"在理性之外无物存在和在理性之中存在着一切"这种说法，谢林应该说"在理性之中并且对于理性来说不存在任何东西"，因为除非某东西是主体或客体或是两者，否则对于理性来说不存在任何东西，而理性被明确地仅仅当作两者的无差别。所以，说"理性是

绝对地自身同一和绝对地自身等同"也是根本不合逻辑的；从先
前段落出发的正确推论是，理性"既不是自身同一也不是自身等
同，因为正如已经表明的那样，对于理性来说，根本什么都不
216　存在"。但是，虽然费希特非常清楚地呈现出谢林同一性哲学的
缺陷，他却并没有进一步发掘导致这些缺陷的原因，因此，他
也没能够公正对待在其中包含的相对真理。主体与客体的无差
异是对主体与客体直接否定的结果，这是超越费希特的主体性
唯心论的第一步。存在某种高于理智与自然的东西，理智与自
然被设想为有限主体和有限客体的对立；这个"东西"，作为对
立的直接否定，当然就被设想为不受任何区别影响。谢林的错
误在于满足于这第一步，即在一个具体统一体的更高形式中恢
复主体与客体的区分，而没有前进到下一步。"有限者自身不具
有独立实在性"——从他的观点看这是真理；"无限者是有限者
的否定"——这断言就已体现了他的错误。无限者必须被设想为
在有限者中显现自身，否则它必然保持僵死状态。我们已经看
到，为什么谢林把不可分割的统一体中的两个概念进行区分。
由于已经将自然与理智并列，他不能够逃脱二元论，这种二元
217　论是他的自我许诺。但当我们看到，自然离开理智在不同阶段
都不具有实在性时，或者换句话说，在刻画自然和理智世界时
所作的区别不是绝对的而是相对的，无限者和有限者的统一体
看起来必定不能在绝对无规定的纯粹空白中寻求，而是要在作
为其显现的整体宇宙中找寻。因此，自然被合并入理智中，且
两者都获得了其所应得的地位：其中一方不再仅仅是自在之物，
另一方也不是一个抽象的自在之我。绝对者在观念的演化进程

尽头而不是在开头处向我们揭示自身：它不是无自我的同一性，而是进行着自身意识的精神。但是，当谢林在陈述中将绝对者放到一个不可企及的位置时，他还是至少在尝试，通过将绝对者带入它在自然和人类意识中的显现来恢复它；并且，虽然我们对谢林不完美唯心论进行了很多苛责——这归结于谢林试图将实际已在脚下的绝对者放在遥远的彼端——我们也应该给予谢林应得的褒扬，因为他已然对亟待解决的问题有所洞见，并向解决它迈出了坚定的第一步。

第九章　谢林的后期哲学

通过谢林的同一性体系所达到的立场，黑格尔拾起了思辨的线索，但谢林自己思想的发展还有一个独立的进程，应当对此进行一些说明以避免误解。谢林哲学的后期或神秘阶段，主要呈现于《哲学与宗教》(*Philosophy and Religion*，1804)、《论人类自由的本质及相关对象》(*Philosophical Enquiries into the Nature of Human Freedom*，1809)及其增补、对雅各比的回应和对埃申迈耶尔的信件(1812)、《神话哲学》(*Philosophy of Mythology*)以及《启示哲学》(*Philosophy of Revelation*)的导论(这两部著作在谢林去世后才被出版)。

在这些著作中，对同一性体系的批判(在第八章末尾已提及)实际上已经得到谢林本人的支持；他试图表明，无规定的绝对者必须被一个人格性的上帝所替代，而人与自然的协调一致必须被自然对一个自由存在者的体系的附属所替代。转变发生于《哲学与宗教》中，该著作一方面是同一性体系的完成，另一方面是对它的一种神秘超越：一方面，绝对者完全与它所显现于自然和历史中的有限实存世界相分离；另一方面，有限世界是从绝对者的原初破裂或堕落中出现的一种结果。一种内在的辩证法在此明显地运作着，谢林借此从主体与客体之抽象对立前进到对有限者与无限者之间的一种彻底空无的肯定；但如果不通过持续的理性劳作，进而通过处于理性的不可见驱力之下的想象力的朦胧形式的话，理性就不再能够承担填充这一空无的重任。从对于已知的有限实存世界之实在性的观念论式解决方案出发，谢林不能满足于这种理论，该理论实际上撤销了他对整个认识领域的建构，他所做到的是，至少没有打算将自然界贬低为一个幽灵般的、独立于理智的自在之物，并且他不可避免地会去尝试恢复那至少在表面上被他关于抽象绝对者的学说摧毁了的生命与行动。而且，正如谢林在后期阶段明确主张的那样，将万物以泛神论的方式同化到绝对者中，是通向一种真正的一神论的必要阶段。换句话说，对于有限者作为有限者 *220* 的否认是理解无限者的前提，但永远停留在这个纯粹否定性的阶段是愚蠢的。宇宙的超感性本性首先被理解为一种向其内在本质的回撤；但这个本质不应该被设想为一种僵死的同一性，而应该被设想为将有限者包含在自身之中并在有限者中实现自身的精神。简言之，这是给予谢林的神秘主义以思辨价值的直觉。他给不出神秘主义以外的任何解决方案，这是因为他一方面限制了自己的哲学才华，另一方面采取了错误进路：当他着手协调自然与精神，而不是将一方从属于另一方时，他便走上了这条路。

关于人类自由的那篇论文以一些对泛神论的一般性评论为开端，但这绝不是该著作价值最低的部分，该部分的目的是给后面紧跟着的一神论式解决方案铺平道路。通常认为，泛神论对于所有个体性和所有自由来说都是摧毁性的：对前者是摧毁性的，是因为泛神论绝对地使有限者同一于无限者；对后者是

摧毁性的，是因为泛神论将人的决断归因到上帝。但如果泛神
论意味着所有事物内在于上帝，那么上述指控都不能成立。当
事物将上帝作为它们实存的根据时，事物的个体性并没有在任
何实在的意义上被否认；说有限者在上帝之外是非存在的东西，
和说有限者不具有任何实在性是完全不一样的。而且，内在性
学说也并不是与自由不相容的。那种认为它们不相容的主张是
以一种低级的机械论观点为基础来考察的，这种观点将上帝和
人视为在众多事物中的两个分离实体。而实际真相是人若不依
赖于上帝，那便不能自由；因为自由只能在上帝之中，同时那
些不自由者必然在上帝之外。上帝只有在自由行动着的存在者
中才能启示自身，而他们正是他真正所是。并不是斯宾诺莎的
泛神论——斯宾诺莎是这类思想的典型实例——应该为否认人
类自由负责，而是他片面的实在论或决定论应该负这个责任。
斯宾诺莎全部错误的根源在于他假设了事物的独立实在性，这
个主张使得他甚至将上帝和意志都看作在其他事物之外的事物，
并将每一个自由决断都看作一种先行原因的机械后果，并且这
前一个原因又有一个更先的原因，以至于进展到无穷。他的体
系及其僵死、机械的解释也许可以与皮格玛利翁雕像（statue of
Pygmalion）相类比，在爱的气息注入之前它处在死亡般的寂静之
中。斯宾诺莎的这种僵死且无运动的泛神论被唯心论注入灵魂
后，才是真正的自然哲学。然而，它必须上升到一个以自由意
志之优先性为基础的精神哲学。因为与费希特一道仅仅说"行
动、生命和自由是真正仅有的实在性"是不够的；我们还必须表
明，这一点不仅仅适用于人类，而且也同样适用于自然，我们

必须超越将自由仅仅视作自我活动的纯粹形式的概念，进展到将自由视作意愿善与恶的能力。在此，承认所有事物内在于上帝的哲学首先进入它的二难困境中，因为一方面，现在它面临着一个困境，即如果恶在上帝之中，那么它的完满性似乎就被破坏了；而另一方面，如果不存在恶，那么就不存在任何自由。这里没有任何模棱两可的解决方案（half-solution）是有效的，比如，上帝许可恶，或者如摩尼教那样认为善与恶两种独立力量是对立的，或者认为恶的起源来自连续的流溢，这让恶是实在的，但是独立于上帝。

在这引人注目的导论之后——谢林对这一导论的拓展形式要更为引人注目——该著作引入一种新型的神秘神智学，这种神智学的大致轮廓很大程度上依赖雅各布·波墨（Jacob Böhmen）的深刻直觉。依据波墨，神圣实体首先是一个没有形式的无限者，当感受到自己的含混无限性的时候，其会收缩进自然根据的有限性之内，由此逐渐提升到精神的光明之中，在那里，其作为上帝在极乐的永恒王国中生活与行动。与这个三重理念性运动相一致，谢林从绝对者作为纯粹无差异或最初无根性的形象出发——正如这一形象在同一性体系中的那样，继而主张上帝首先显现为实存与根据的分裂，以便他最终能够将他原初的无差异转变为同一性，并由此成为一个具有自我意识的人格或意志。

首先，必须将恶的可能性与上帝的人格性协调起来。神圣生命的第一阶段或潜能阶次是纯粹无差异阶段，实存的原初的、无差别的"根据"，它先行于所有二元性或分裂。在这无差别之

223

外，突然爆发出两个同等永恒的开端，以至于根据与实存能够在爱中为一。这个分离发生了，通过分离，神圣者能够成为精神或人格性。由于在上帝之先或之外无物存在，所以上帝实存的根据或根基必须在他自己之中，但这个根据必定不能够与绝

224　对地被设想的上帝相同一，或者说在实存中相同一；它是上帝之中的自然，作为与上帝不可分割却又区别于上帝的东西。自然不能被设想为在时间上或在本质上后于绝对者：一方面它毫无疑问先于绝对者的具体实存，但另一方面上帝是自然的在先者(the prius of nature)，并且是自然之实存的条件。在与上帝相区别而又不可分割的自然之中，永恒的太一感到了产生自己的渴望，理解(understanding)或自我启示的渴望；并且，根据在黑暗和不明确的法则的支配下如同汹涌的大海一样，在上帝自身中出现了一种内在的反映性的理念(idea)，上帝在理念中、于自己的肖像中沉思自身。这个理念是上帝在自身之内的诞生，是上帝之内的永恒话语，它给予光明或理解。理解与根据相统一，才成为自由创造且全能的意志。被照亮的意志，将自然完全无法则的根据的自然归摄于法则、秩序、形式之下；而通过这个观念对实在的转变，世界的创造活动得以发生。在世界的演进中，第一个阶段是光的诞生，或者说是自然向人的持续发展；第二个更高阶段是精神的诞生，或者说是人在历史中的发展。

225　自然分裂为两种对立的力量，两者的内在纽带仅仅逐渐地显露自身；而自然哲学的任务就是去展示分离逐渐发生的过程，直到最终自然的至深核心或本质被揭示出来。每一个自然实存都在自身中拥有一种双重本原。那个将它从上帝处分离的部分，

起源于根据，并且构成它区别于普遍意志（universal will）的私己意志（self-will）。若仅仅在自然存在者之中，那么这两种本原从未联合成统一体，特殊意志（particular will）在其中只是狂暴和贪婪的，而普遍意志则作为控制本能而独立活动着。只有在人之中，这两种本原才会像它们在绝对者之中那样被统一起来，而在私己意志被普遍意志所启蒙的过程中，人的精神性就体现了出来。然而，在上帝之中，两种本原是不可分离的；而在人之中，它们不仅是可分离的，而且是对立的，并且善与恶的可能性正是基于这种对立。作为精神或意志，人并不是普遍意志的无意识工具，而是高踞和超越了两个对立本原的存在者。善是特殊意志与普遍意志的自愿相符，恶则是一个从另一个当中的自愿分离。因此，恶不仅仅是一种否定或缺乏，而是一种对特殊意志和普遍意志的真正关系的肯定性颠倒。 *226*

不仅恶的可能性，还有恶的现实实存性也必须得到解释。恶的实存性源于上帝向人启示自身的必然性。如果两种对立本原在人之中确实实存于不可消解的统一体中，正如它们在上帝之中实存那样，那么上帝的作为爱的本性就不会被启示出来，因为爱仅仅在与恨的对峙中才被揭示出来，正如统一体只有在与冲突的对立中才被揭示出来一样。爱的意志和根据的意志是可区分的，但又是不可分离的；一方必须起作用，且独立地起作用，以便另一方也能够如此。根据唤起私己意志和对立，那作为意志的精神将在人之中并在与爱的奋力反抗中实现自身。在自然的低级形式中，私己意志将自身呈现为非理性或无秩序者，并在动物之中以食欲和性欲的形式更明显地表现出来。但只有在历史领域，私己意志才真正赤裸地显现，不带任何掩饰。人的历史是对于私己意志和普遍意志的斗争的记录，该斗争的不同阶段构成人类历史的诸重大时期。在原始的无罪时期之后，历史迎来了自然在恶的方面占据主导地位的时期，但地球在邪恶中沉沦的时代恰好也是更高的精神之光在基督教中诞生的时期。上帝在基督中成为人，人将复归上帝。世界的最后时期是精神的领域，私己意志在其中与爱和解，上帝将成为一切中的一切。

接下来需要解释的是人类个体如何进行向善或向恶的决断。对人类自由的普通解释导向了荒谬：自由既不是在所谓的"无差异的自由"中——这使得自由成为非理性的，也不是在决定论中——因为决定论完全摧毁了自由；前者使人有过多的随机性，后者使人处于镣铐般的必然性之中，而两者实际上是同样的东西。当康德指出，在人的智性品格中，人超出机械因果进程而被提升到时间之上时，他就暗示了正确的解决方案。自由地行动意味着不依据除我们自己本性之外的必然性而行动，并且这一行动是在善与恶之间进行选择，但是这一选择超越于时间，并因此与第一次创世处于同一时期。经验性的人并不是自由的，但是他的经验性本性是他自己超越时间的自由行动的产物。他在时间中的行动是预定的，但是被他自己预定的。犹大自己以及任何其他的受造物都不能够防止他背叛基督，犹大并不是被强迫去背叛基督的，他是自愿这么做的，并且其中伴随着完满的自由。因此，人类本性的根本恶(radical evil)仅仅是通过对立的引入才被意识到的。但是，这并不意味着道德的进步是不可能的，而仅仅意味着道德的进步是人通过超越时间的行动的后果，人在时间中的本性和生命通过这种行动被决定。①

我们已经处理了第一个和第二个难题，但现在在面临着第三个更大的难题：上帝自身的启示是一种盲目的行动还是一种有意识的行动？并且如果恶是通过他本有的自由行动产生出来的，那么应如何保证他无瑕疵的完满性和神圣性？总的来说，谢林对该古老难题的解决方案并不令人满意。谢林说，我们必须区分作为根据的上帝和完满的上帝，并且我们必须注意到即使作为根据的上帝也不是恶本身的创造者，而仅仅是在呼唤人的私己意志，以便唤醒他对善恶之区分的意识。但根据唤起了个体的私己意志，由此爱才可能有一个使自身实现的物质性载体（material whereon），并因此是善的间接条件。简而言之，恶是通向善的完全实现过程的一个必要阶段。如果这被指责为摩尼教式的二元论，那么谢林在他对雅各比的答复中的回答是，上帝的完满性与其自身的逐步显现并不矛盾。不完满是处于生成过程的完满本身。除非在上帝中存在一个黑暗根据或否定性本原，否则我们就不能够谈论他的人格性。我们不可能将上帝思考为具有自我意识的，除非我们认为，他通过他自身中的一种否定性力量限制着自身。在上帝之中，正如在人之中，真正的人格性只有通过感受在知性中的实现才能产生；不管理性的抽象统一体有多么美好，在达到具有自我意识的人格性之前，它都必定被进行区分活动和有机化活动的知性所破坏。

229

---

① 对谢林该部分学说的尖锐批判，见施尔曼（Schirman）的《康德式的伦理学和进化伦理学》（*Kantian Ethics and the Ethics of Evolution*），第 6 页及以下。当然我们必须理解的是，谢林论点的一种简化版本没能受到公正的对待。

谢林的《神话哲学》(*Philosophy of Mythology*)和《启示哲学》(*Philosophy of Revelation*)，除开它们具有的启发性外，主要旨趣在于探讨上帝的自我启示理念，以及它在宗教意识的持续发展中的实现。导引部分讨论了"潜能阶次"学说，以及自然如何提升到人之自我意识的各个阶段，这与《论人类自由的本质》(*Enquiries into Human Freedom*)的神智学思辨及相关文本在实质上保持一致。关于这一章节所需要说的全部是，在人类精神的不同阶段，人类精神达到的对上帝之理念的理解，正如在早期著作中那样，于此被宣说为：第一，它与自然理论上的联系；第二，它与道德法则在实践上的联系；第三，有艺术性沉思的自由，其中包含了亚里士多德所刻画的对思想的思想，这一思想的对象就是作为世界的第一本原的上帝。但是，这一进程的终点，并不是与上帝的联合，而仅仅是对上帝的理念的抽象理解。只有当宗教成为哲学的对象时，哲学才从它的否定阶段上升到肯定阶段。因为宗教依赖于意志的现实实现，因此，哲学为了成为与上帝的实在联系，必须跟随宗教意识的现实实现，即宗教意识从其在神话的开端，到它在作为上帝之完满启示的宗教中的沉思这个过程，甚至前基督教的宗教也被当作上帝自身启示的阶段。宗教意识所由之发展的动力同时也是诸潜能阶次，上帝通过这些潜能阶次在世界进程中实现自身。神话就是在意识中的上帝的历史。恰恰从开端处，人就有了对上帝的意识，尽管上帝不是一种明确知识的对象。从这个相对一神教的阶段开始，宗教意识逐渐从上帝那离开，并呈现为一种多神教的形式，这种形式是通向一种自由一神教的必要阶段。宗教的

230

231

第一个形式是拜星教（Sabeism），对上帝的崇拜表现在星空中；紧接着的形式是埃及人对上帝的崇拜个体化于动物；而这又让位于希腊的宗教——对人类形式中优美人格的崇拜在其中占据着主要地位；最后，希腊的密教（the Greek mysteries）为一种在启示宗教中更具精神性的信仰铺平了道路，实现了绝对的一神教，在其中所有的对立面都得到了和解。启示哲学的主要目标是去解释基督的人格性；因此，谢林认为他的实存先于他的道成肉身，道成肉身本身和人与上帝的调解是由于他的实存才得以实现的。基督之事业的完成，许诺了圣灵时期，通过这一行动，基督教会便出现了。教会的前两个时期，即天主教和新教时期将要过去，然后第三个时期，即约翰的基督教，将要降临。因此，谢林的哲学接近于对新耶路撒冷从天堂降临的预示。

在我看来，谢林后期哲学的主要价值在于，它生动地提出 *232*
了需要解决的问题，并预言了一种矛盾的和解，尽管它本身并未解决这些矛盾。谢林的哲学从对除世界道德秩序以外的任何上帝的否认开始，但由于主体与客体的协调一致，他被迫求助于一种将万物都融入一个无规定的绝对者中的泛神论式的同化过程。最终，谢林认识到必须强调上帝的人格性，并寻求将其人格性与人类自由进行和解。上帝的概念，由于其特有本性，不得不在世界中启示自身，因此它毫无疑问地包含着一种具有卓越重要性的真理；但是它不能够通过任何理性的和秩序井然的方式而被通达，它仅仅是通过一瞬间的诗性洞见的担保而被领会的。神秘主义将所有事物看作沐浴在神性自然无所不在的光亮之下，并将分析式知性的尖锐矛盾浸入理性幻想的溶剂中，这对于大多数心灵来说有着非凡的魅力与魔力。但它不是一种能够被毫无顾忌地培养的思想框架。它几乎不可避免地伴随着一种衰败的进程，这对于有活力且持久的哲学思考来说是致命

233　的。对于神圣万能药的过度追求会令人麻痹。哲学的成果不能够通过白日梦来赢获，而必须通过充满活力的、不断且持之以恒的劳作来获得。除开一般对这一谢林后期思辨方法的指责，我们还要说谢林并没有解决他让自己去解决的问题。说上帝自身必然与一个根据对立，他通过这种对立将意识到自身，这仅仅是说，自然无论如何都依赖于上帝。而且也不能说谢林与其早期在解决人类自由问题上的立场相比有任何推进之处。人们确实无法过于感激这一正确的洞见，即自由既不是无动机的任意选择，也不是机械的必然性，而是某人自身拥有的内在本性的实现。但是，仅仅将意愿恶或善的自由解释为依赖一种无时间性的行动，实在是什么都没解释；甚至，这与对康德观点的正确解释相去甚远，这种解释试图改进康德的观点，但实际上扭曲了它。康德认为，人作为一种有理性的意志独立于因果进程的机械性法则，但他没有做出过度的尝试，去表明人在他完

234　全进入意识领域之前，就意愿着他所拥有的经验性特征。毫无疑问，如果仅仅将谢林的观点当作对如下真理的一种诗性表述，即借助义务的纯粹理念的自律或自我规定是道德性的条件，那么其也许将和未被麻痹的理性的清醒相协调；但是这样解释的话，它就倒回康德"定言命令"的无色彩的单调性之中。谢林没有更成功地把恶的事实与上帝的善性相协调。实际上，他不得

不说的一切只是，上帝并不直接意愿恶，恶是通向善的一个必要阶段。这些也许将被当作对真理的模糊直观，但在这些直观被抛入的形式中，这些直观不会对我们有太多帮助。真相是，恰恰在回答"是什么"（quid sit）而不是"是如此"（quod sit）的尝试中存在着悖论，谢林也已经明确告诉我们他的目的是什么。这种在世界实存之先建构世界的尝试，实际上是一种将理性和意识从非理性与无意识中衍生出来的尝试。若在镜子后面寻找事物，我们将不再看见事物。对"是什么"的解释是唯一可能的解释，实际上也是我们唯一需要的解释。谢林抱怨黑格尔的哲学仅仅是逻辑性的，这只表明谢林自己在尝试一项不可能的壮举，即通过非实在的东西解释实在性；这并不令人惊讶，因为在夜晚的黑暗背景下，他只看到通过他过于热情的想象力而投射出来的闪亮形象。毫无疑问，这些理性化的幻想体现了真理，但问题在于谢林并没有真正转向实在的东西，而是仅仅声称他做到了这一点。在做这一评论时，我不希望被理解为我在尝试贬低谢林的思想，或者怀疑其作为人类思想史中一个重要阶段的价值。并且，我希望我也没有忽视谢林关于神话和启示的讲座的重大价值，这些讲座是对宗教哲学的贡献，强有力地并且从总体上激起了对历史上的宗教的研究。但我仍不得不说，尽管拥有卓越的才华、丰富思想和诗性洞见，但谢林在其晚年致力于这样一种哲学模式：其形式在根本上是无根据和无价值的，不过它在许多方面还有价值。而且，他体系中最好的那些东西已经被一个比他更杰出的人所吸收和取代：哲学的诸高级问题由康德抛出，在谢林尽其所能去解决它们却在很大程度上失败

235

236 之后，又被黑格尔重新拾起——他以一种在任何世纪都未被超越的鲜活性、持久性和独创性去重新解决它们。如果在黑格尔那里，哲学的纯粹光亮并未闪耀，那么可以保险地说，这种光亮在地球上还未闪耀过。

第十章 总结性评论

在前面的章节中，我们已经展示了谢林在不同著作中体现出来的哲学发展阶段。所有要素都已提供给读者，以便进行独立的判断，同时也提供了一些关于该体系薄弱部分的提示，但对于研究谢林的人来说，仅仅就他的整个哲学与康德哲学的关系说一两句话，以及提出与我们当今思想相联系的一个或两个见解，或许并没有多大帮助。

在跟随谢林思辨的进程中，有一种激动人心的趣味，但这与学习黑格尔那被完整表达出来的体系不尽相同。谢林哲学的起点和终点似乎在某种意义上是彼此尖锐对立的；他的发展过程也不太像进化，而更像革命的过程。在起点上，我们拥有对不同于道德之完满理想的上帝的无条件否认；在终点上，我们拥有对上帝实在性的坚定肯定，这个上帝是解释所有有限实存 的唯一根据。对于谢林来说，在他思辨的第一个阶段，人是一切中的一切；并且人还是一个实践地行动着的或道德的存在者，人被当作解释所有事物的中心和根据。但在谢林的生涯结尾处，人对于他来说已经不再是超越中介的存在者，而只不过是神圣存在者显现其无限完满性的中介，尽管这一点并不与人类的自由相抵触。如何对这两个极端进行统一的进程，构成谢林哲学的主要价值，并且思考这一转变是如何发生的就像思考联系实在性的三大领域（人、世界和上帝）如何统一在一起的问题一样，是有趣的。不管如何评论谢林的解决方案，他至少给我们留下一条可追随的道路，即一条试图努力解释人生所有事实的哲学的必经之路。

在回顾谢林发展过程的主题时，我们不能忽略他的哲学起始之处正是经验论哲学——直到近期这种哲学仍在英格兰和其他地方占据显著地位——不可避免地朝向之处。英格兰的许多思想领袖都似乎导向这样的结论，即唯一的"超感性"的实在性——如果可以这么指称的话——就是道德法则的实在性，"悲苦地球之谜"的唯一解决方案就是尽力勇敢地履行自己的义务。这很大程度上是孔德（Comte）、卡莱尔（Carlyle）、阿诺德（Arnold）等人的追随者和其他许多人所传递的信条；该信条要表达的核心在于："停止为那些不可解决的形而上问题寻找答案，并将自己的精力放到你现在所处的现实上。"将这当作思辨的最后定论的做法是一种自以为是，它至少在反对着朝向这定论的思辨方法的真理，因为"不要思辨"这一建议是不可取的。不可知论（Agnosticism）至多是思想的一个暂时阶段，它必须被带有更多肯定性的东西所替代。并且，当我们认识到不可知论的源头——这源头也塑造了谢林的思辨开端——在于对超感性之物的否定态度之时，它给贫瘠的经验论带来了崭新的启发。康德也在《纯粹理性批判》中强调了这种对超感性之物的否定态度，而这主要是因为康德决心充分尊重纯粹的现世意识。随意与专断必须从我们日常生活和经验的领域中被驱逐出去，并且由此自然那不可侵犯的法则决不能受到干扰。正是这种要去认知我们周围世界的法则和秩序的决心引领着康德——正如它引领着其他人那样——去否认知识的任何理论能力能够认识超越感性经验的事物。在某种程度上说，这种倾向值得衷心的称赞。它是事实领域和人类生活领域思辨改革的开端，这正与路德发起的宗教改革相呼应。若不在现实感性经验中得到证实，那么没有东西会被接纳。但这里被留意的仅仅是事物的较低方面，谢林在这方面教会我们的并不比康德少。一种与自然法则之绝对性不协调的超感性者必须被抛弃，但这并不意味着抛弃一种使感性物变得崇高和美好的超感性者。总之，虽然谢林早期思辨的第一种形式的结果与经验论的相似，但他的哲学倾向与其大不相同，正是因为这种不同的倾向才使得它不断提升到，或者至少倾向于提升到某种更高且更好的东西上。经验论者对超感性者的否认不过是他论断的一个方面，即所有实在实存都是独立于理智的，并且因此人同时作为理智和道德的存在者，被适用于外在自然界的同一种法则所统治。绝对者不能够被限制在适用于特殊者和有限者的框架中，它并不是一种可以被规定为实体、原因或与他物处于交互作用中的感性物的东西。对这一真理的认识之所以成为一种有效的论断，要感谢康德和他的唯心论后继者。一方声称，绝对者是不可知的，因为所有可知者都是有条件的或感性的；立场完全不同的另一方声称，绝对者作为有条件者或感性者是不可知的。前者是经验论的公式，后者则是一种真正唯心论的公式。谁若采纳第一种态度——只要他一直坚持这一点，那么就不存在向超感性者的提升，并且他会对这样一种可能性视而不见，即限制只是在他自己的准则

241

中，而不是在作为一个整体的实在实存中。如果实体、原因和交互性的物理性范畴是我们能够思考实在性的唯一模式，那么就不存在对上帝的认识，因此对我们来说不存在上帝。但如果我们像康德那样仅仅说，这些范畴不适用于绝对者，那么对于被假定存在的一种绝对者来说，这是一种不同的且更有希望的观点。对绝对者的有限和有条件特征的否认是对其完满性的间接颂词。接下来我们应该表明，虽然那些适用于被构想的部分实存者的范畴并不适用于作为总体或实存之根据的绝对者，但其实仍然存在一些适用于绝对者的范畴。我们最初那否定性的观点仅仅是肯定性观点的萌芽和对肯定性观点的预言。现在这里所说的立场，正如我们在"第一章"中看到的那样，是康德对待超感性者所采取的立场。带着他所有思辨所具有的冷静和谨慎特征，康德指出，绝对者作为所有条件的无条件总体性，不能够被纳入适用于有条件者或相对者的那些规矩（rubric）之下。康德在此的不完善之处在于，将作为一个整体的知识等同于对有条件者的知识，因此他得出结论说，理性在知识形式下不能够获得对绝对者的理解，而只能指示出绝对者的本质不是什么。因此他试图让实践理性承担起绝对者的全部重量。不可避免的结论是，上帝对于康德来说成为一种"道德信仰"，而不是一种认识的客体——因此，仿佛信仰和知识能够被分隔开，由此避免了对上帝实存的特有可能性的怀疑。因此，谢林对"客观"上帝采取否定性态度是有一定理由的；其中一种理由就是（1）他否定具有实在性的上帝是自然神论的超验上帝，并且实际上是有限的这一事实，以及（2）康德的理论在其开端处陷入自相矛盾。

但是，我们很难将谢林对术语"公设"（postulate）的解释归于康德——按照这一解释，它类似于几何学的公设，意味着某种要被造成的东西，而不是某种要被信仰的客观东西——我们必须承认，它是从康德理论的字面意思中得出的公正推论。因为，一方面，如果上帝仅仅被当成一种"信仰"的对象，那么他作为一个超越了我们意识的实存者，就因此成为一个超验存在者，这一超验存在者脱离所有与我们理性的实在关系，对于我们来说"几乎相当于无"。另一方面，一种建立在康德学说的精神而非字面意思之上的解释，会导向一个不同的结论。上帝也许在无条件或非—有限的意义上是超越知识的，但上帝仍然是理性的一个客体。这正是康德奋力想要说明的，但是他也许没能成功以一种明确和首尾一致的方式进行说明；并且由此我们能够理解，谢林如何从批判性的立场——在理智之外无物实存——出发，首先否认了一个超验上帝的实在性，并进而通过导致了这一否认的内在辩证法，最终不得不肯定上帝的实在性。

　　这将我们导向谢林思辨活动的第二个时期，这一时期表现为他的自然哲学、先验哲学以及两者在同一体系中的统一。谢林思想第一阶段是伦理性的唯心论——一种撇开上帝的唯心论——它显然无法让深深受惠于批判唯心论的人获得持久的满意。正如马修·阿诺德先生很喜欢说的那样，"行为举止"（conduct）也许占据"生命的四分之三"，但行为举止不能够建基于虚无之上。当人们常常对"行为举止"和"思考"进行对比时，他们似乎忘了一个人的行为举止是被他的思考品质所规定的。毫无疑问，人们也许拥有好的思想而同时他们的行为举止是坏的；

244

反之，也不存在任何好的行为举止不是由好的思想启发并管束
行为举止而实现的。导致此处论断的原因是对明晰性或反思性
245　思维与一般思维的混淆。一方受控于一种正确思维，而另一方
能够以明确且精确的陈述形式表达思维之所是及其最终根据。
但是哲学的任务正是用反思的清晰形式，将良善之人的生命和
行动中所隐含的东西陈述出来。因此，任何知道自己旨趣所在
的哲学都不能够拒绝这一任务，即让关于实在世界的科学观点
与道德视角协调一致。试图将如此难以融合的两个分裂事物结
合在一起，这不可避免地会报复哲学自身，正如哲学史表明的
那样，使其变成不可知论或神秘主义。在一种将道德作为一切
之一切而将知识视作无足轻重的哲学中，超感性者的实在性自
然会因为认识它对于行为来说无关紧要而被否决；或者至多它
进一步作为一种神秘且不可及的领域而显现。因此，当谢林拒
绝默许费希特的伦理性的唯心论，以及在康德的指引下"向自然
突围"时，他是正确的。但甚至在这一"突入自然"的阶段——他
通过该阶段指明了他与费希特的差异——谢林立即就表明了他
在一种唯心论哲学的行进中所持的特殊立场的弱点和强项。新
246　观点的强项在于，它认为一种关于自然的认识对于完整解决哲
学问题来说是本质性的；它的弱点在于，其仍然将思维与存在
相对立，仿佛它们是具有同等价值的两个分离的实在。沿着思
想之线索，你确实会发现，一方面，不存在不将存在作为其对
象的思维；但是另一方面，这一存在在某种意义上仅仅被把握
为实在性的表象或图像，而不是实在性自身。若贯彻存在的进
展，你将最终抵达思维，但这思维以某种方式只是存在的产物。

显然，谢林没有摆脱二元论，但他向自己承诺的二元论是精致的二元论。由此，他觉得自己不得不寻求一个能完成统一的本原，这本原将能够把他已不正当地分隔开的两者结合起来。这个本原或绝对者因此成为一种"前定和谐"，它能够解释"主观主—客体"和"客观主—客体"的一致。现在，一种前定和谐的理念仅仅是对问题的清晰表达，而不是对问题的解决。两个相对领域被不合法地分隔开，并被人为地统一起来。谢林的错误根源在于——正如我在第八章试图表明的那样——他没有使自然附属于精神，并且他随之就将自我意识从宇宙中排除出去了。对此的论证不需要被重述，但是也许表明谢林思辨的第二阶段与康德哲学的关系是有好处的。 247

　　康德在其《纯粹理性批判》第二部分所达到的洞见是，现象世界必然导向本体世界的理念，有条件者必然导向无条件者，相对者必然导向绝对者，部分必然导向整体。然而，绝对者是以一种纯粹否定性的方式被呈现出来的，作为非有条件者、非相对者或非部分者。因此，这倾向于主张一种纯粹空洞的同一性形式，在其中还不存在诸事物的差异性。现在，如果我们接纳康德哲学的这一点，并将它当作终点，那么我们不可避免地会被驱使将一切事物都泛神论式地消融在绝对者中。所以事实上，譬如叔本华这样的思想家——他们主张康德在此说出了最后的真话——被带向这一观点，即认为人与自然是一种无意识意志的表现，而这种无意识意志实际上仅仅是一种盲目的力量。在其思辨的第二阶段，谢林在一定程度上的确主张康德哲学中这一阶段的终极性：正如我们所看到的那样，其结果是去精神

248 化的自然，因为他使精神去自然化。在此，实际上当我们发现谢林与费希特的决裂时，他的哲学走向了一个错误方向。在寻求结合心灵和自然两者的一个统一体理念这一点上，他是完全正确的，并且就这一点来说他完全与黑格尔一致；但事实上他使那统一体成为抽象的而非具体的统一体，这让他远离了一种首尾一贯的唯心论原则。因为如果正如谢林与康德打算肯定的那样，自然在它与理智的关联之外就是无，那么我们显然无法通过抽象地排除精神与自然的差异而寻得绝对者，但具体的统一体会包纳两者，并由此将自然提升到精神的纯粹以太中。不过对于谢林，同样也对于康德来说，我们坚守着其体系的赤裸的字面意思是不公正的。他的哲学不仅仅是斯宾诺莎哲学的翻版；因为根据斯宾诺莎，思维和广延仅仅被构想为实体的属性，心灵和自然作为事物处于双方的交互作用中；然而谢林没有抛弃心灵的自我意识活动的观点，而是宁可试图表明自然和心灵两者是一种单一自我意识活动的表现。因此，当斯宾诺莎哲学
249 的最终结果是对自由的否定以及将人类行动降格为仅仅是一种盲目因果性链条中的诸环节时，谢林——伴随着一种高贵的不一致——坚守着人的无条件自由和人对机械序列的不间断洪流的超越。在谢林哲学发展的第二阶段，正像在第一阶段中那样，我们看到两个对抗者正在要求获得力量，但没有一方能够获得对另一方的统治权。

　　在谢林思辨的最后阶段，他凭借着沉潜的精神和零星灵光的指引，试图建立上帝具有自我意识的人格性。从他实际的成就来判断，他的思想发展的最后阶段是十分不能令人满意的。

谢林不能放弃将宇宙作为精神之寓所的信念，他认为这是诸真理之真理；但是，他还不知道如何通过纯粹思辨的艰难攀升道路，来为这种信念做出辩护，因此他留给我们的不是哲学，而是诗。当他背离伦理唯心论的狭隘道路后，谢林所犯的致命错误是让自然和精神并列，这使他似乎不能够恢复原本的精神活力，而只能倒退到非批判的直观上。在此，他与康德的关联表现得最为密切。在这一观点，即世界是作为一种对我们来说只能被描绘为目的东西的表现中，批判哲学已经发现了能推翻经验论的反对意见的那个支点，从而建立了至高理性的实存。但是康德不能够说服自己，宇宙实际上是一个目的论体系；他所试图抵达的极限只是，我们不能够以除目的论以外的其他方式来理解宇宙。因此直到最后，由世界的经验性构想所抛出的阴影，也还萦绕在康德和那位"与我们每一个都相隔不远"者之间。因为康德否认目的论是一种绝对真理，这在很大程度上可以归咎于他假设知识仅仅只能关涉有限者、现象或相对者；或者说，在根本上是因为他已经证明了只有那些对有限事物成立的范畴才是建构性的。因此谢林由于仅从字面意思对待康德而犯了错，并且忽视了康德哲学的精神。因为从康德优秀著作中提取出的这种精神，肯定会得出这一有理由的确信，即世界作为一个整体是精神的自我启示，并因此也是目的的体现。黑格尔通过让批判哲学摆脱依附于其上的贫瘠要素，并将其提升到精神的更高领域，而成为康德的真正继承者。黑格尔也同费希特一样，抛弃了一个不必要的对超越认识的自在之物的虚构，在关于自然在理智之外是无的这一观点上，他赞同谢林；但是，他不是通过将理智同化到自然之中使理智降级，而是将自然提升到理智中。他也不会允许任何从最低范畴到最高范畴的跳跃，而是尝试让每一范畴各安其位，并通过一种有机运动的纽带将它们全部连接起来。因此，他非常重视对各种功能进行分别考察，世界通过这些不同的功能而被思维，并最终被看作一个完全圆满的体系。以同样的方式，具体世界从其在时空中最低的观念性开端出发，直到成为一个具有人格性的上帝的光与爱之中的宇宙光点。对谢林研究的最佳成果是，它让我们对其后继者黑格尔的无限丰富与完满的体系有了更深刻的理解。忽视费希特和谢林也许不会造成严重的损失，尽管对他们著作的研究并不应该被轻视，但是忽视康德和黑格尔，就等于丧失了人类思想长河流淌下来并置于我们脚下的最优秀的哲学教育。

附　唯心论学派：沉思的平信徒[*]

（一）

爱德华·凯尔德(Edward Caird)的哲学是康德和黑格尔所发展的伟大思想体系的分支，但正如他本人和一群曾属于其学派的著名学者所述的那样，他的哲学有自己的准则，有自己富有特点的应用和语词，并且当然还有其本身遭遇哲学中不断出现的新问题的方式。至少在凯尔德和华特生的案例中，存在一群很好的听众，他们的需求和接受能力对他们的教学形式产生了一定作用。考虑到这一点，其哲学与环境有正确的有机联系。由于需要调整其最高的思想，以便适应不局限于学术圈的富有警觉性和探究着的公众，他们的哲学中存在某种思辨的冷静，甚至其语言——除了必要的技术性展示——也倾向于更为简单的用法，因为它意在使公众理解。凯尔德和华特生是杰出的康德学者并且深深地受到黑格尔观点的影响，但是他们的思想被印刻在这样一种形式中，这种形式具有较少的德国形而上学的严肃学院派特征。他们习惯于使用与洛克或休谟所使用的一样易读的语言，只不过这语言带有更多现代思想所具有的自然精

---

[*]　James Cappon, "A School of Idealism; Meditatio Laici", in *Philosophical Essays Presented to John Watson*, Queen's University, 1922.

练性和复杂性。

我在这篇文章中的想法是给予那些也许不太具有形而上学倾向的读者，关于凯尔德所做的工作和他的工作方式的一个明确概念，并部分地使读者了解他的工作在我们这个时代文化中的地位。我将给出一些关于其所包含的智性和精神性成果的观点。说凯尔德为学派的工作奠定了基础已经是非常好的说法了，这意味着一种从深度思考中产生的织状物，在多个方面真正适应了时代的需要和压力。他的体系并不是纯粹的产物，如同斯宾诺莎的体系是一个独居思想者对世界—思想作出回应的纯粹产物。当然，其中也拥有任何值得被称为哲学的东西所必须具备的要素，但它在更大程度上带有与环境直接联系的痕迹，这种联系在最深层次上并非冷漠无情的，尽管在表面上存在许多不起眼的斗争和冲突。不过总的来说，凯尔德的思想是调和性的、仁慈的、乐观的，而且几乎没有在异己或对立的世界中挣扎的思想工作的迹象，只有要从幻象中得到救赎并被提升到其自然的自身世界的迹象。

凯尔德早年的生长环境显然是神学式的。他是在自由教会的大分裂所造成的宗教热情和争论的氛围中长大的。查尔默斯（Chalmers）和格思里（Guthrie）以及他兄弟约翰·凯尔德（John Caird）的雄辩，在讲坛上一直很有名，还有当时其他著名传教士的辩论，在普通苏格兰中产阶级家庭中，这些是常见的且几乎是核心的话题。他自己也曾想加入教会，并且于大学期间，在格拉斯哥和圣安德鲁斯学习神学、教会史和希伯来文。在任何情况下，这几乎是那个时候——至少在两所著名的英国大学之外——一个人期待着过学者和思想家的沉思生活的唯一途径。在苏格兰的大学中，任命在当时是罕见的事件，文科课程几乎不需要超过九或十名教授，且他们普遍活到高龄，被雇佣的几个助手只能获得暂时的或没有希望的低级职位。凯尔德似乎在神学的殿堂里找不到什么能够唤起他浓厚兴趣的东西。高等批判（Higher Criticism）还没有扰乱长老会（Presbyteries），教授们大多舒适地安睡在护教学的古老道路上。凯尔德偶尔也会说起他们的古怪癖好——比如那个教会史教授，他以《创世记》为开头讲课，而以对巴山国王奥格的奇妙描述为结尾。① 如今，大学对所有思潮，甚至对流行的观点都足够敏感，但在那个时候，苏格兰的专业神学没有看到已显露出来的、值得注意的思想运动，像密尔和卡莱尔等人显然被视为来自外来世界的干扰。

但外头的宗教意识仍有足够的生命力，甚至有非常蓬勃的生命力。1843 年的大分裂使苏格兰陷入混乱，虽然这种事件不可能再次发生。他们争论的问题是教会政府的独立问题，这个问题一旦被提出来，就有可能像以前一样，触动那些热爱他们传教士的人，采取严厉和果断的行动。在这种情况下，它似乎又唤起了约法时代和卡梅伦时代（Covenanting and Cameronian days）的某种精神。新的自由教会在一股热情中诞生了，它在苏格兰人的生活中留下长时间的印记。自然而然，新教会给牧师带来了更加热切和激进的福音主义风格，至少在那一代人中，旧教会和新教会的讲坛上存在着明确的语气差异。大多数追随者都受到真正旧苏格兰精神潜移默化的影响。他们在性情上相

---

① *Life of Edward Caird*, by Jones and Muirhead.

当强硬且拘谨，对于松懈的南方人来说，那种教条主义的强硬、严格的安息日主义和对做礼拜时审美附属品的轻蔑拒绝，总是显得有些可笑。当时的苏格兰人仍然记得爱丁堡的贝格博士（Dr. Begg）这样的人，他开展了最大规模的将风琴引入教堂仪式的运动："在上帝的殿堂里，一串哨子是可憎的。"在其后期阶段——在莱尼（Rainy）校长的领导下——该运动也许过多地把重心放在政教分离政策上，但在其最佳的时候，它是苏格兰人性格在生命力上的强化，并将其精神塑造得十分坚定。他对文字的坚定信仰给最穷的人带来了一种荣耀感，这种荣耀感还没有被我现在看到的任何东西所取代，尽管他对政治生活有更广泛和更积极的兴趣。小镇或城镇上的鞋匠如果读了他的《圣经》，也许还有约瑟夫斯（Josephus）写的犹太史，就会有一种情感，至少是一种与"绝对"相联系的完美感觉。在所有的教堂里（不管是新的还是旧的），礼拜都是非常虔诚的，而且在特殊的场合，比如在公祭日，都充满浓厚的仪式感——每一个眼神和态度都充满这种感觉。然而，自由教会的仪式有一种紧张的特质，这只能说是选民出众的自觉性。我记得莱尼校长来我居住的苏格兰城镇中的老自由教会中布道时——当时正值一场激烈的解放运动，他在讲台上既不是格思里也不是凯尔德，但传教士和会众在不可见的翅膀上达到了同样的高度。我隶属较老的教会，感觉就像进入了佩登的山坡聚会一样，他讲的经文实际上是"你们是地上的盐"，而其实践上的运用既不需要也不太明显。

解放运动当然存在许多影响，它们甚至改变了传统的严苛形式。这种影响从杰弗里和《爱丁堡评论》（*Edinburgh Review*）的光辉岁月开始，在政治和智性方面一直存在。一种在精神上逐渐改善的新影响开始穿透进来。在文学方面，马修·阿诺德（Matthew Arnold）和克拉夫对当时的精神动乱做出了尽管有些平淡但却恰好的表达。勃朗宁（Browning）的诗歌产生了巨大的解放性影响，华兹华斯（Wordsworth）的诗歌则更为辽阔和平静，但两者都没有——尽管较老的诗人已经走到尽头——在50年代和60年代完全进入普罗大众的视野。勃朗宁夫人由于其对社会问题和苦难的富有活力且带有灵光的感受与同理心，而被普遍认为是比她丈夫还要优秀的诗人。那时，特别是对于有思想的年轻人来说，富有影响力的力量是丁尼士（Tennyson）和卡莱尔。前者的"在诚实的怀疑中栖居着更多信心"，以及英国圣公会对新旧要求的普遍承认，具有一种广泛吸引力，而且他的诗歌形式是对新审美和弦的完美通俗表达，这些和弦已经随着济慈（Keats）和美学派的到来而进入诗歌。但当时最大的思想变革者是卡莱尔，他对生活进行了理想主义式的处理，并且对整个社会结构提出了根本性的质疑。他的《法国大革命》（*French Revolution*）中振奋人心的篇章，他的传记的崭新和深刻形式，把成就的表面和人的精神生活的深层流动连接在一起，从而做出了更为充分的判断，还有在《拼凑的裁缝》（*Sartor Resartus*）中对社会缺乏道德统一体与对其自由放任的有力批判，以及批判把工业生活变成对财富的争夺，并使宗教成为一种惯例的商业化精神……所有这些，即使只是在评论中被不加辨别的专业批判所部分理解和吸收，也使卡莱尔成为热心学习的年轻人崇拜的对象之一。

据尼科尔（Nichol）教授说，凯尔德在早些年曾经是"火焰崇拜者"圈子里的一员。"学生时代在文学方面对我影响最大的是卡莱尔"，凯尔德在晚年对格拉斯哥的学生发表讲话时这么说道。这次讲话充分肯定了作为一种精神和道德力量的卡莱尔，他以冷静的评判方式，准确无误地指出了卡莱尔作为思想家和历史学家的作品的基本品质。无论如何，没有什么哲学的"大全"在其中被遗失：他将世界呈现为精神之显现的力量，他对历史的崭新解释"几乎是一种新的洞察力"，即对事物内在力量的洞察力，还有他真正的戏剧性的表现力，等等。凯尔德甚至会说，卡莱尔超越了普通历史学者的范畴，而给我们"对事件的终极解释，正如席勒（Schiller）所言，根据这种必然性，世界历史就是对世界的审判（世界法庭，das Welt-Gericht）"。然而，正如琼斯（Jones）在他的篇章中对凯尔德所说的那样，在赞赏中存在着一种明确的不情愿。即使是凯尔德的宽宏大量——在这个时期——也许也不能忽视卡莱尔关于形而上学的"空中楼阁，在其中没有知识能够栖居"。尤其是，他对卡莱尔的社会批判部分不以为然。这位现代预言家的谴责方式，以及他对体面的虚伪和自命不凡的、官方式平庸的可怕指责方式，都极其不同于凯尔德的气质。凯尔德是一位真正的自由主义者，因此在70年代和80年代自由主义的所有乐观主义潮流中，凯尔德对伟大自由主义原则、扩大选举权、使用投票箱等都轻蔑处理，它们都被视为本身没有产生好的或明智的政府的机器，虽然其中包含一种真理，但对于凯尔德来说仅仅在其否定性中具有一半真理。即使是卡莱尔对自由放任的批评——时间表明这是一个完整的事实——也不会得到80年代自由主义者的同情。因此，他对卡莱尔的态度进入了一个冷漠期。尽管如此，凯尔德始终不渝的正义感和智性洞察力使他的讲话得到了十分全面的评价。后来，他在这个方向上的态度又有了很大转变，我认为，他认识到在思想的所有技术性差异之下，卡莱尔对生活的精神性价值的看法与他自己的看法毕竟那么相似。他后来的著作中充满了对卡莱尔的赞赏性引用。

卡莱尔为他做了一件也为许多其他人做过的事。卡莱尔向他介绍了德国文学，席勒、歌德（Goethe）、莱辛（Lessing）和赫尔德（Herder）的文学，带着其思想的自由和崭新的精神性取向。这意味着比在狄德罗（Diderot）、达朗贝尔（D'Alembert）、伏尔泰（Voltaire）和丰特内勒（Fontenelle）中能够找到的更深刻、更全面的人生观，尽管一般来说对英国公众可能是非常可疑的，但他们仍然是欧洲文学中真正经典的名字——至少在当时所谓的《文艺报》（*Belles Lettres*）之外。卡莱尔在此以他一贯具有的活力，敲响了新时代的钟声，并且确实为当时有思想的英国青年"改变了风向标"。实际上，当凯尔德还是本科生的时候就去了德国，以亲自考察那里的情况。据华特生博士说[1]，凯尔德在那里主要关注的不是哲学，而是文学，特别是歌德。歌德在当时对人们的影响，在凯尔德、马修·阿诺德和其他人的许多篇章中都有很好地反映。

当凯尔德在 1860 年来到牛津，他在课堂上更近距离地接触到了当时的新思想。牛津是哲学激进主义、大教会主义、美学古典主义、书册运动等思潮的交汇地。凯尔德的圈子包括——

---

[1]　"The Idealism of Edward Carid", *Philosophical Review*, March, 1909.

至少在其较大的环境中——诸如布莱斯(Bryce)、佩特(Pater)、爱丁顿·西蒙兹(Addington Symonds)、格林(Green)、迪希(Dicey)、莫里斯(Maurice)、内特尔希普(Nettleship)这样的人物。他的导师是乔伊特(Jowett),其广博全面的精神与保罗(Paul)、柏拉图或修昔底德(Thucydides)相近。这是一种高尚的文化,具有良好的道德和社会风尚、清教徒自我控制的矜持与对希腊思想的深刻回应,所有这些都显然有助于决定凯尔德在世上的道路与方向。大多数人对哲学和宗教思辨有着明确的兴趣,而有些人则在这些方面表现出非常积极的兴趣,但这一般都是建立在某些具有英国圣公会思想的妥协形式上的,它在根本上甚至是不一致的。凯尔德在试图寻找某种更为根本的东西,并且他看起来对莫里斯、曼塞尔(Manser)或柯勒律治(Coleridge)的追随者的关注,并没有超过对威廉·汉密尔顿(William Hamilton)的关注。密尔、格罗特(Grote)的哲学激进主义没有引起他的关注,但它仍是当时最有影响力的思潮。凯尔德并不赞同它的哲学基础和原则,但他始终非常认同它进步和实践改革的理想、将文明的优点拓展到人民身上、提供免费教育、赋予妇女权利、取消教士考试和限制及其相关事项。实用原则可能在哲学上有缺陷,而且在实践上往往倾向于一种致命的、对更高旨趣的替代,但它在改革斗争中是一种非常有效的武器。这种思潮的经济方面被曼彻斯特的自由贸易学派成功推广起来,并实际上成为自由主义的官方政策。这是哲学观点方面属于英国的真正产物,是法国启蒙运动在英国的一种实践形式。凯尔德对密尔、斯宾塞和赫胥黎等人的清晰、富有逻辑、理性的讨论模式非常尊敬，也许从其原则发源的一两条思路也以这种方式影响了凯尔德。但他们的哲学是一种经验主义，它切断了宗教意识的根基，而对凯尔德来说，宗教意识简直是生活中所有伦理和理想价值的必要综合体，他不得不考虑在什么原则下可以很好地捍卫它。对此，他于德国唯心论哲学中找到了主要的帮助。乔伊特的影响，特别是格林的影响，似乎在这个方向起了决定性作用。后者在这一时期是他的同道中人，是他在这场斗争中的兄弟。但是，正如华特生博士所指出的那样①，当格林对经验学派的原则进行强烈的破坏性攻击开始时，凯尔德则以一种特有的避免论战的方式开始对康德哲学进行阐述，试图表明康德对人类理性审慎和批判性的分析包含了导向黑格尔对世界更为观念论观点的原则和观点。这是一项比通常的"考试"更有意义的工作，也许不是因为他做这件事的耐心，而是因为他的工作方式和他的目的。因为这构成了他工作的双重基础，也是整个学派走向更高形式的唯心论的桥梁。

我们意识到我们关联于一个世界并且也与其相区分，并且因此也意识到一个超越这一区分的统一体。

理智世界的各部分在整体之外没有任何意义，而整体除了对各部分的贡献之外也没有任何意义。

这些是凯尔德用来陈述他基本立场所惯用的典型句子。当然，在最低级和最简单的经验形式，即知觉行为中，我们就会

---

① "The Idealism of Edward Caird", *Philosophical Review*, March, 1909.

遇到最为困难的问题。一种模棱两可的领域潜藏于对这样一个真理的表述中，如"事物仅仅作为被知者而对于我们实存"。首先，这似乎包含凯尔德和格林在个体意识与意识之间所作的尖锐区分，前者是心理学主要研究的成长过程，后者则表现为普遍理性或精神（mind），"所有知识对象都被包含其中"，正如他在《不列颠百科全书》中关于形而上学的早期文章中所写的那样。格林在他的《伦理学绪论》（*Prolegomena to Ethics*）中，用一些大胆的语言描述这个统一体，将其看作世界的永恒自我意识，它在知识的永恒统一体中维持着"事实的关系"，并以简短但非常有力和独立的方式证明了它在生活的普通经验中的实在性。凯尔德在这里的处理过程是冗长且详细的，并且展现了他试图为自己确立真理的周密方式，以及他向公众介绍新的唯心论的谨慎态度。他以康德体系及其认识论方法为基础，一步接一步地遵循其步骤，解释了概念的发展和联结，进行了批评、修改和纠正，巧妙地勾勒出思想的网络，正如他所说的，通过康德那里无意识的辩证法，他可以将整体导向他自己的黑格尔式观点。康德严格地将科学形式从道德真理中切割出来的做法使他将更高的经验首先呈现为，与在科学形式中的事实世界相联系的不适应性，并且接着表明这些更高经验如何从更高的理性视角中获得有效性。康德的体系因此是一套优秀的方法论，凯尔德通过它能够在他的公众面前讲说哲学问题以及关于人类理性界限的问题。黑格尔呈现哲学的方式和他的辩证法在那时是不可能的。当时，尽管有哈奇森·斯特林（Hutchison Stirling）的工作，或者也许部分原因是，黑格尔对苏格兰人的心灵来说是一个可疑的巫师，任何与他的亲缘关系都至少会使教师面临被误解的危险。黑格尔那高度技术化的语言，以及作为一种大胆的唯心论化思想的最后尾声，很难赢得习惯于汉密尔顿和密尔相对朴素的讲话的公众的倾听。当然，康德的语言也是足够技术化的，但是我们可以说，他的体系仍是建立在对事物的通常意识上的，并且在技术化的表面之下，其一般表达和划分也是通常逻辑的表达与划分。无论如何，我怀疑凯尔德是否有使用黑格尔辩证法的倾向。正如你们在他的书信中所见的那样，他可以并且确实能够通过间断地说明或论证的方式自由地使用它，而且必定是在他批判布拉德利（Bradley）体系的时候。但他在性情和理智方面确实更接近康德，对他所有的唯心论都保持着审慎和批判态度，并且在我看来，他在表达和处理存在与认识的终极统一性这一伟大真理的方式上总是小心翼翼。

我已经听凯尔德的一位好学生说，他的《康德的批判哲学》（*Critical Philosophy of Kant*）是一本比原本《批判》还要难读的书。这是一部需要仔细思考的作品，康德技术化的语言组织有时会让人感到压抑。但即使像我这样的门外汉，书中也有非常清晰和全面的章节，从康德的角度展现了人与宇宙的关系，比如关于目的论判断和自然宗教的章节；凯尔德也提出了很好的补充批评，表明康德是多么接近将自然和历史"视为一个神圣理性的显现，对这点的信任将使道德变成宗教"。对目的概念的现代改良，"努力"或"满足"的学说，或将自然的单调性作为道德实在性之保证的学说，这些当然在考量之外，但是使人类存在的自然与精神方面和解的问题完全被带到我们面前，其中伴随着思想的重量和凯尔德富有特点的逻辑清晰性。我甚至可以鉴赏对保罗神学的考察，这些考察在现在看来有点过时，但却非常符合那个时代的模式，这是乔伊特自己的工作路线之一，而且与凯尔德的哲学概念"对宗教意识的平反"有足够程度的相关性。缪尔黑德(Muirhead)说，关于道德意识的章节，不仅与时俱进，而且在某些方面还有点超前于他们。很有可能的是：道德意识是非常古老的问题，而且凯尔德和大多数心理学家一样，很有可能会看到关于它的任何本质性东西。

尽管《康德的批判哲学》是凯尔德的奠基性著作和一个显著的里程碑，但似乎对我来说，在不列颠哲学中，正是在他关于黑格尔的短小著作中，其哲学唯心论才找到自由的表达。正如凯尔德声称的那样，康德已经表明世界依赖于它在思维中的客观性，但由于他从未达到将知识中的所有要素看作一个统一体，一个可以规定实在的整体的立场，因此他体系中的世界仍然在现象上与实在保持差异。在黑格尔那里，这种对知识之诸要素的分离得到了纠正，并且整体的原则或特征在我们的知识中显现出来的观念，在他那里得到了最清晰和最充分的发展。他在其运动的充分具体性中展示了思维，思维同时是事物的区分与联系。没有任何东西实存于赤裸的同一性中，而是从一个绝对的角度看，包含了它自己的否定并且进入到他物的过程。矛盾原则作为思维的一个积极和动态方面具有了全新的意义，并为事物的本质统一性提供了一种逻辑形式。康德那里不可还原的抽象活动和二律背反消失了。正如凯尔德喜欢说的那样，思维可以治愈自己的伤口。无论如何，它得到了思辨的新翅膀；仅

仅是理想的可能性获得了实在的形式。思维在这里并不单单指
意识中的功能——该功能将事物联系起来，把经验组织成一个
系统性整体，而是指这样一种意识，在其中，自我与世界于一
种统一体形式中被联结在一起，这种统一体形式蕴含着最终的
统一性，即无限的要素在有限的意识中的统一。对于普通的现
实意识来说，这是一个难以思考到底的概念，这是在康德的三
个伟大继承者的高度上与其所有引以为豪的强健活力中对唯心
论式思想的征服。但是，所质询的经验形式越高，其中的一些
本质性真理就会更为清晰地显露出来。① 否定这一点的新唯心
论，依据逻辑不可避免地否认一些在我们更高经验之中的最为
本质性的要素。对于凯尔德来说，那是一个核心原则，非常值
得他毕生致力于建立它，并在与经验的最重要关系中解释
它——从它在知觉判断中模糊的简单形式，到它在道德意识和
思想的历史演变中的更清晰形式。他并没有低估这样做的难度，
他在自己的一封书信中写道，其中的一个难点在于，使"在发展
过程中显现自身的上帝"这一概念与"永恒地完全在自身之中的
上帝概念"相协调。对于凯尔德来说，这是绝对者的无时性中所
包含的"终极二律背反"。因此，他给塔勒伯特(Talbot)小姐写
道，他于此似乎不想太过依赖黑格尔关于三位一体的辩证法，
并且明确地尝试运用一些他自己的逻辑。在《神学的演进》(*The*

---

① 你们可以看到华特生博士在他的《哲学纲要》(*Outline of Philosophy*)第五章中以
坚定的逻辑方式引出了"一个绝对主—客体的概念"，并可与《宗教经验之诠释》(*The In-
terpretation of Religious Experience*)第二章中更为全面的论述相对照。缪尔黑德也在《爱德
华·凯尔德的生平》的一章中对这个问题(形而上学的基础)作了仔细阐述。也可参看他
的文章《概念学说》("The Doctrine of the Concept")，了解其在判断中的逻辑方面的内容。

Evolution of Theology) 第二卷关于普罗提诺 (Plotinus) 和新柏拉图主义的后续章节中，他似乎说出了关于这个难题他不得不说的一切。在"关于个体生命的维持"这一章节中，他也没有看到"从哲学原则中得出任何积极结论"的方式，但他告诉他的朋友"在心灵的平静中等待，并相信上帝的公正，他没有白白地创造世界，也没有只为了产生灰烬而点燃精神性生命的火焰"。他给塔尔伯特小姐的书信很有意思，那书信展示了他的基督徒式意识如何介入其中。他在复活及这类问题上对她足够坦诚；在对待基督教中时间性和历史性的内容上，他是坚定的康德主义者。他否认他的哲学一般来说具有完全的确定性，但很明显，他觉得他的自我意识的高级学说和其中所包含的东西十分可靠。他在关于黑格尔的小书中的论述几乎有一种宗教式的兴奋感，无论如何，他和黑格尔之间存在一种真正的亲缘性：

> 所有事物之间以及它们与认识它们的心灵之间的本质统一体是一个坚固的圆圈，在其中对立面的冲突运作着，而它们最为剧烈的冲突暴力也不能打破这个圆圈。没有任何事实，在其本质上不能被解释或还原为法则——没有任何法则，不能被看作与理解它的理智有本质性关联——而能够被认为在理智世界中实存着。对于精神来说，没有绝对的失败——没有不包含更高凯旋因素的失败——可能发生在一个本身只是精神之实现的世界中。

在凯尔德《论文学和哲学》(*Literature and Philosophy*) 的论文

集中，有一篇《论当下的哲学问题》（"The Problem of Philosophy at the Present Time"），它最初是 1881 年在爱丁堡的哲学协会发表的讲话。在其中你们可以清楚地看到，他为向公众介绍他的哲学付出了巨大努力，以便能够抓住他们的传统思维方式，并将其提升到一个更高的层次。这也完全体现了他作为一个哲学家看待和组织其工作的观点。他在听众前所持的观点是，哲学"如今必须成为一种对信念的批判性重构"。他告诉听众，我们精神生活的和谐已经被打破了。我们之中很多科学人员已经在思考——尽管他们也不情愿——我们仅有的实在知识"属于一种有限经验领域"，并且所有宗教和形而上学的超越有限的努力都是思考不可知者的尝试。甚至是当时的文学作品，其中大部分也给人留下了这样的印象，即这种观念是幻觉。他声称，在这种不和谐的情况下，我们的生活不可能像人类生活有时候所是的那样——不可能达到那种触动我们精神的无限源泉的感觉，人类在任何时候的至高成就都是从这种感觉中诞生的。对信仰单纯直观的时代已经过去了，我们需要某种哲学上的反思来重塑生活的和谐。他用一个生动的比喻来阐述他的观点，他可以非常愉快地运用这个比喻，在这个场合，他为听众选择的比喻效果非常好："正如第二座庙宇的建筑者们必须在他们身旁工作一样，在我们这个时代，那些寻求维护或取代旧的基督教生活方式的人，必须为自己装备哲学的武器。"他告诉听众，我们拥有权利对以往在人类精神之中和通过人类精神而完成的伟大工作中的信念开展批判与重建工作；它只能作为这项工作的延续而具有价值。"人类对未来的希望只会是徒劳的，除非它能合理地建立在对过去的深深敬畏之上。"

他在爱丁堡的听众将会是相当具有批判性的观众。爱丁堡哲学协会是一个优秀的机构，在开幕讲演上有许多知名人士，其中一些人并不仅仅在当地负有盛名，像弗林特（Flint），也许还有来自神学殿堂的凯尔恩斯（Cairns），以及爱丁堡著名的会议法官、大学教授、律师和医生，当时在苏格兰很常见的那种在宗教方面有思想倾向的商人，坐在坎德利什（Candlish）或贝格（Begg）手下的、未受玷污的正统派，和"来自托昂的小麦格雷格"（little Macgregor of the Tron）。毫无疑问，还有许多汉密尔顿的老学生，他们对一种号称拥有对无条件者的知识的哲学有着明确观点。或者还有坎贝尔·弗雷泽（Campbell Fraser）教授，一个安静且富有思想的人，他的立场没有被很好地理解，除了在一般情况下，他为"苏格兰的民族哲学"辩护而反对康德和黑格尔的思想。一群相当具有批判性的听众，肯定会十分专注地听听这位德国先验论之奥秘的传道者会对伟大的问题谈些什么。旧有的影响在苏格兰精神中仍然具有足够强大的影响力；但在80年代，思想中的新运动还是使自己获得了明证性。在自由教会内部，坚固的核心已经开始扩张，在理智上变得越来越宽广，而且在对罗伯逊·史密斯（Robertson Smith）的高级注经学进行了激烈的异端斗争之后，新的神学学派对新思想表现出极大的活力且涉猎全面，并且在整体上继续保持着领先地位。

当然，凯尔德不能够在一个小时的演说中阐述他体系的诸细节，但他设法对自己的立场给出一种很好的总体指示，并且将其与对不可知论科学的一些不错的批判结合在一起，不过这是在对他寻求真理的精神的广泛而富有同理心的承认中寻找庇护。他说，像密尔和达尔文这些人的耐心劳作，实际上是"诸兴趣与客体的理想化，这最终会为生活的唯心论做出贡献"。就是在这个方面，他对卡莱尔和罗斯金（Ruskin）提出了批评，认为他们确实是先知，却用了一种谴责性的言说方式，这在凯尔德看来，已经不适合我们这个充满希望的科学时代了。如果我没记错的话，罗斯金前段时间在爱丁堡告诉他们，他们的建筑师对窗户一窍不通。

　　凯尔德哲学的基本原则比他在通俗听众面前所说的要更为艰涩。他非常明智地表述它，有时候成段地在他的学生中流传着："如果无限者的意识不是已经被包含在有限者的意识中并且伴随着它一起发展，从有限者向无限者的提升就是不可能的。"有时候他将其转化为宗教经验的语言："如果我们不能认识上帝——在我已经指明的意义上，那么我们就不能认识任何事情。"他甚至敢于尝试对康德的认识论或知识理论进行简要的技术性解释，从中得出的结论是，"宗教的客观性综合"并不是"一个有限心灵试图超越自身限制的幻象"。黑格尔没被提及，但在提到"作为存在与认识的终极统一性"这一观点时，黑格尔的观点得到了明确表达。还有一个明确的说法是，哲学在处理世俗和宗教意识时，"被允许完成荒谬和不可能的壮举，即找到超越所有意识和经验的超验区域"，这句话将清除他在使用"无限"一词时的任何模棱两可。他在最后总结了一段话，完美地展现了他哲学的工作精神和范围：

因此，哲学也许从一种对宗教意识——对无限者的意识的辩护出发，这种意识是以有限意识为前提的，而现在这种有限意识往往声称完全排除了对无限者的意识……并且由此教导我们不要再将对无限者的意识仅仅当作幻象，而是作为意识的一个实在客体，一个绝对者，一个上帝，他已经在人之中并且向着人在所有时代中显露自身。哲学必须考虑宗教历史，且实际上要将人的整个历史当作建基于宗教上的，作为这种意识的渐进式发展过程。

回顾柏拉图和智者时代的思辨与宗教状况的相似性，以及考察歌德《浮士德》中衣服上的一幅精美的插画，这些内容给他的讲话增添了非常风格化的色彩。其中有许多迹象表明，在向当时的苏格兰人介绍关于绝对者的哲学时，会遇到许多困难。有些人甚至会认为，凯尔德在这里放弃了作为哲学真理探寻者的立场，而选择了基督教护教士的立场。但对他来说，宗教并不意味着任何教条式的信条，而是通过一种对人类生活的观点，使其所有的要素被置入一个可理知的统一体中，从而使得人类生活在道德上获得和谐。凯尔德确实没有把哲学理解为一种关于存在的抽象科学，在其研究中严格遵守"伦理性中立"的立场。生命的伦理旨趣也是宇宙经验的一部分。在人之中，伦理旨趣并不是人类的这个或那个群体合作反对其他群体的特殊产物。至少，它和一个物种维持其存在的本能一样基本，坚持其存在（in suo esse perseverare）的本能；而在人身上，它表现为一种根深蒂固的意识——这种意识要求他作为部分隶属于整体，一种他必须与整体一同并为其行动的感觉。从这个视角出发，罗素先生的论断，即"这些伦理的和宗教动机的存在一直是哲学的阻碍"①，似乎是富有争议的。

　　毫无疑问，凯尔德的观点倾向于把精力集中在哲学的伟大目标上。现代心理学能在多大程度上真正影响他的逻辑结构，这对我来说不成问题。如果他没有对现代心理学的一些发展给予过多关注，那一定是他认为他的一般立场超越于他们的立场。要么它们与心灵问题无关，要么它们属于对心灵在个体中成长的一种可疑的、半想象性质的构造。凯尔德实现一些伟大真理并以哲学形式陈述它们的方式，受黑格尔的影响很大，但我们不能忘记，这些真理本身在某种意义上是属于他自己的，这从一开始就在他对从柏拉图到卡莱尔的早期研究中，在他自己的生活和人类的历史中被感受到。正如他在给朋友的书信中说道："历史的真正演变指向并保证了一种确定的结果。"（*Life*，p. 182）我想，他有可能把证明的技术装备——如果有需要的话——当作一个脚手架，它可能会被摧毁，但结构会保持完整。但是，他对康德批判性的研究表明，他的技术性体系是以康德和黑格尔为背景，而且是以煞费苦心的方式阐述出来的，它也当然具有那种完整性和广泛性，这些使其能够形成一个学派。毫无疑问，他的个性对其体系的诞生起了很大作用。明智与正义（φρονιμώτατος καὶ δικαιότατος）——在判断上的合理和在意志上的公正——是他的弟子，众多杰出和知名人士，在格拉斯哥的老教室里于他的纪念物上赋予他的形容词。讲台上的发言并不

---

　　①　见他的著作《哲学中的科学方法》（*Scientific Method in Philosophy*）。

经常值得一听，但那个纪念日的演讲确实是很好的证据，它不仅表明凯尔德性格中的一些苏格拉底特征，而且表明他所传授的体系中的一些东西经得起时间和经验的考验。总的来说，我认为这在于他的学说可以很容易地与人类的理想和过去的伟大事物普遍联系，并且他表明，这样联系起来的方式既可以对那些东西进行同情式的解读，也可以对其进行批判。个人品性以这种方式融入他的体系中，特别是在他对基督教理想的阐述中。他和华特生博士都非常自由地使用宗教经验的语言作为对形而上学思想的帮助。这个体系在这方面并不一定是死板的，但它具有一种天然的能力，可以维持所有合理的价值。然而，我们应该记住，即使像凯尔德这样受众广泛，听众里也并不包括像丹尼（Denney）或帕特里克（Patrick）这样的人。有大量旧势力对他的教导反应微弱，甚至根本没有反应。90 年代的某天，我还和丹尼一起度过了一个下午，他当时是我提到的那个苏格兰小城的第二自由教会的牧师。他告诉我，他正在读柏拉图的《法律篇》（*Laws*）。他每周都要给一些老妇人讲一节课——其中有一位是我认识的最严苛的加尔文派教徒，他非常愿意逐句讲解主祷文。这是他非常具有特色的志愿工作的结合体。

（二）

世界是一个可理知的体系，而不仅仅是一个能够被思维处置的事物的聚集体，并且其实在性在思维中能动地实现自身——无论在直接经验中，还是在文明化的进程中完成自身，这是一个一般性的立场，凯尔德无疑感觉自己是可靠的。然而，当布拉德利的巨著《现象与实在》（*Appearance and Reality*）于 1891 年问世时，凯尔德阵营中自然会出现一些骚动。这是一种来自内部的攻击，与旧的经验论学派的粗糙二元论非常不同。在格林强调超越思维形式的无时性意识的方式中，也许已经发生了一些变化，但在布拉德利那里，它采取了明确的形式；作为一个宇宙式绝对者的体系，它是超越思维的，因为它是超越其他一切的，但作为一个潜在的和未知的实在，它包含了所有我所做的或我所想的或在经验中感知到的东西。这种绝对实在，因为它是真正存在的唯一东西，所以在逻辑上被认为是完满的，至少在自我一致性的意义上如此。因此，尽管严格来说，我们对它一无所知，它也可以被看作提供了自我一致性、自我保存和完整个体性的标准，根据这些标准可以对有限世界的现象进行评估。在有限世界中，这些标准具有与其对应的全面性和连贯性；虽然从绝对者的角度来看，我们所知道的整个有限世界在真理性和真实性上都是有缺陷的，没有任何可能真理是"完全真实的"，然而现象提供了一种相对的真理，这确实是真理和实在的尺度。布拉德利先生用来衡量或评价我们知识的基本方面的上述标准，是对经验的一种崭新的、在许多方面富有建设性的分析，并且大大加深了我们对经验组织方式的认识。许多真理即使不是特别新的，也有崭新体系的光亮照在它们上面。但是，一般的结论可能被看作可疑的，并且如同将神经从知识中抽取出来。有限世界把自己展现为大量自相矛盾事件的集合，因为思维本身被看作一个不能经受分析的、与事物相关联的体系，一种从不穷尽其基础且永远不能抵达实在的关系形式。他的绝对者是一种惰性的不可知的东西，它不可能显现在"实存的刻度"上，并由此否定它的所有真理性。因此，布拉德利先生经常从生活的实际需要出发，以一种相当实用主义的方式表达自己，并且能够告诉我们"凡是至高宗教在实践中真正需要的观念都是真实的"①，这句话让席勒先生在极端情况下（in extremis）对唯心论跳起一种野蛮的战舞。其实恰恰相反，因为这句话中的修饰语是有意义的，在所有这些的背后是布拉德利先生最终的智性标准，而这标准并不是绝对否定性的。它允许他至少在相对性中主张更高的价值，"更高的、更真实的、更美的、更好的和更实在的——在整体上，这些归属于我们的价值也可被纳入宇宙中。而实存在整体上必须与我们的观念相一致"。（*Appearance and Reality*, p. 550）人们能够感受到这些话背后的体系重量。

凯尔德一开始发现布拉德利的书相当令人费解，关于这一点你们可以在他的信中读到，并且我记得有人告诉我，带着对事实应有的敬意，麦肯齐（MacKenzie）——一位伟大的学者——正在与书中的奥秘作斗争。这种新的观点起初显得奇怪，也很让人不安，但令人好奇的是，这种东西是如何随着时间推移以相对的明晰性展现自身的。凯尔德倾向于将该理论看作"一种新的斯宾诺莎主义"，但它并没有以某种方式给我们带来斯宾诺莎那种强有效的镇静作用。恰恰是斯宾诺莎的绝对者将所有生活的悖论与不和谐摆在面前，并明显地增加了而不是减少了它们，如在斯宾诺莎式的暗示中那样。然而，它把那些有限的不和谐中对我们最有价值的东西，即历史进程、人类为实现其理想的

---

① *Essays on Truth and Logic*, p. 433.

长期斗争、人类的发展，排除在考虑之外，或者说剥夺了它们的意义。进步的观念以及人类的努力与成就的意义在这个绝对者的体系中陷入了极大的困境。它的永恒的正面特征把上述价值和作为一个整体概念的人类变成了单纯的现象，甚至只具有程度很低的连贯性。当整体被看作一个空白的未知者时，整体之中的善和美德的观念必须与部分中的善和优秀的东西不同，这种想法会带来灾难。作为一个目的的进步过程变成了"一个悖论"，而诗人对"神圣的遥远事件"的梦想变成了诗人的胡言乱语。人变成了"笼子里的松鼠"，在他的不完满的圆圈里转来转去，而实际上，如果我必须选择，我宁愿让绝对者存在于此。我必须承认，在这个体系中，我永远无法从布拉德利在第十五章中为我们描述的"有着所有实在"之天堂的愿景中获得诸多满足：

> 那将是完整的经验，包含所有在和谐中的要素。思维将存在于更高的直观中；意志将存在于理想实现的地方；美与愉悦以及感受将在这种完全的实现中继续存在。每一束激情的火焰，不管是纯洁的还是肉欲的，都将不停息地在绝对者中燃烧，且不会被削减，成为被吸收进更高天福之和谐中的一个音符。

这读起来几乎像圣伯纳德（St. Bernard）的《摒弃世界》（*De Contemptu Mundi*）：

正如尼尔（Neale）翻译的那样：

在那儿人们从操心中解脱，

他们歌颂着胜利，

他们沉浸于欢乐。

显然，我们都是神秘主义者，在康德关于"本体"的章节中所描绘的雾气和闪光的海洋上驾驶我们的飞船。凯尔德也在他的"金刚圈"（adamantine circle）上航行着。但总的来说，黑格尔的光芒从云层中释放出了最为清晰的光亮。我理解布拉德利先生的意思是，天堂现在对我们来说是一个理想的事实，且总是对我们来说是一个理想的事实，只是我们没有实现它，而且作为有限存在我们也永远无法实现它。总的来说，依据可理解性和个体性的标准，我也看到一些直觉主义者，如索福克勒斯（Sophocles）、爱默生（Emerson）和巴利（Barrie），比大多数形而上学家更接近绝对。但在那之后——是在绝对者中的转化和重新融合；在永在永恒中的意志、愉悦与激情的火焰！我不能把所有这些要素放到这个体系中，即使有一种宇宙的真实通过该体系显露。

新唯心论的逻辑与凯尔德的认识论体系不同，它承认与独立实在的一种接触，以及思维与实在之间随之而来的分离，这也涉及前者为了证明两者之间的对应关系的新处理方式。"真理与思维，"布拉德利先生直截了当地说道，"不是事物本身，而是属于事物的且关于事物的。"在鲍桑葵（Bosanquet）先生的著作中，这个问题得到了彻底的处理，并且也对形而上学逻辑进行了丰富的发展。在向新的实在论心理学做出许多让步之后，他又把被割裂的要素编织在一个"客观的世界"中，在其中知识的本性被看作一种物理和心理的双重性，"实在本身和我们对它的理解之间的区别毕竟是根深蒂固的"①。所以他能主张一种关于思维的唯心论观点，即认为它是一种关于知识的有机体系，即使如他有时候说的那样，这是一种"人为的"建构。他坚持认为，在我们作为直接的事实所理解的一切事物中，存在着自相矛盾而且"缺乏稳定性"，并且以适应于凯尔德的语言来说就是，夸大了思维的建构能力和对实在的形而上学式渗透。这不仅是建构和维持经验的架构，而且它拥有一个"直观的方面，在其中它保持自己在它所创造的伟大结构中的可靠性"。它的最终倾向并不是概括一个世界，而是建构一个世界……这里存在着思维的诸具体形式，它们相当于"一种创造的冲动"②。但是，尽管如此，从形而上的观点来看，思维与实在是割裂的："感觉—知觉的内容对于有限思维来说并不是透明的，并且就目前而言，它是在那些对它来说不是一个统一体的内容之间建立联系。"凯尔德曾坚持认为，这种断裂一旦形成，就永远无法弥补。他对这一立场的技术性批评可以用黑格尔式的简短话语呈现出来，我想，正如他在给琼斯的书信中所说的那样，"思维所设定的他者，是它自己的他者"，不过一般来说，他会继续冷静地将这一点放到范围更广的认识论手段中进行处理。

　　然后，鲍桑葵先生的绝对者在形式上和布拉德利先生是一样的。但在他手上，绝对者获得了一种更为灵活和适宜的方面。

①　*Mind and its Objects*, p. 48.

②　*Individuality and Value*, p. 7.

他更强调绝对者与有限者的联系。它是"弥漫在我们世界中的精神"。"绝对者应该以其最完满的状态展现给作为有限者的我们，而不是展现它熄灭的状态。"两个方面，绝对者和有限者，都被看作"是连续的和相互交织的，而不是排他性的选项"。因此，"被给予的缺陷不仅使超越成为必要的，而且也以肯定的方式指示出它的本性"①。由此他发现，"我们更高经验的一般方向是我们必须寻求完满方向的一个线索"②。这给予他一个广泛的论证领域，他在其中体现出了各种技巧精湛、形而上学式的精妙逻辑定理，哲学上的博学和精美的图解，就像在解说黑格尔的否定性的那几页中一样，因为这两位，布拉德利和鲍桑葵，是天生的黑格尔主义者，而不仅仅是受到黑格尔的滋养——尽管他们已经离开他们父亲的家而来到一个遥远国度。

一个形而上学体系可能是对思想的巨大贡献，但却远远不能满足我们对生命之实际价值的感觉，由此它并非合理的。鲍桑葵的弱化处理并没有完全消除永恒太一对人类价值的威吓作用。进步和演化在个体中仍只具有存疑的可能性，而历史进程作为一种"真正的"经验形式消失了。这个奇妙的事实：只有它能赋予精神性经验以深度和稳固性，也就是说，人不仅仅生活在他自己的世代中，而且还可以记录他的过去，并将其精神性价值汇入他的生命，这些东西在这个关于绝对者的体系中很少甚至没有。它没有达到个体性和独立实存的标准，这就是未能在思维与实在之间寻找到一个真实纽带而引发的灾难性后果。

---

① *Individuality and Value*, p. 255.
② *Individuality and Value*, p. 19.

当然，他们认识到，这个事实是当下的一个特征；我们可以看到布拉德利在他的《什么是真正的恺撒大帝》（*What is the Real Julius Caesar*）中是如何处理这一点的，但他们不承认它对任何终极价值的要求，而甚至康德，这位谨慎和具有批判性的精神探索者，也没有拒绝这些要求。正是鲍桑葵先生以最有力的方式反对对历史进程的这种想法，即认为历史进程能够向我们揭示任何终极真理，或者提供任何证据——有一个绝对者在人类演化中运动。他给出了一份详细的清单，清单上是关于这种真实个体性所应具有的诸特征：它必须是精神性的和居于内部的，而不是在空间中的；在其更高的形式中，它将具有"更多而不是更少的逻辑"，更少的松懈联系、更少的不确定性、更少的自发性、更少的无法考量的新发展、更少的独特感受的急迫性、更少的神秘宗教的单纯激情、更高的体系必然性的扩展、更多的对神理智的爱（Amor intellectualis Dei）。[①] 这确实是很好的特征；这是一种被神化的对密尔或对斯宾诺莎的赞颂。但我认为，在以绝对者的权威给出这些特征之前，我们最好能在其中多加一点莎士比亚的影子，或者甚至加点爱默生的影子。也许还不太清楚其中有多少绝对者的权威性，以及有多少是属于鲍桑葵先生的，但你们可以看到，有些东西是注定不适应于实在的，如柏格森（Bergson）的进化论，黑格尔或沃德（Ward）的历史观，等等。自然，这个体系所认为的"独立的非心理实存"，通过伪装成一种低级的个体性而勉强开脱了。从终极实在的角度看，"机械论科学"当然不能给予我们"一种令人满意的经验类型"。然

---

① *Individuality and Value*, p. 77.

后，鲍桑葵先生问，我们是否能够在历史中找到这样的一种类型。他的回答是对历史的抨击，这一点当然令我惊讶，不仅仅因为语气，更因为其中包含着比更高个体性所允许的更多"独特感受的急迫性"，但这也表明，鲍桑葵先生的眼睛没有正视事实，即历史作为对人类生活的诠释已经经历了一个非常类似于哲学思想演变的过程——当然它也受相同的力量所制约——并且我认为，它作为精神的一种启示具有更为清晰的成果。鲍桑葵先生说，历史是"一种混合的经验形式，其中不可能有任何相当程度的存在或真理性"……从外部看，这是一个有限生命过程的零碎透视画在时间中的展开……一种单纯联结起来的组织……彻头彻尾的偶然性……一种关于连续性事件的可疑故事……一种时空中的外在性，还有一些属于此种类型的、更为精细的形而上学话语描述。① 你会认为历史也不过就是圭恰迪尼（Guicciardini）或本蒂沃利奥（Bentivoglio）所认为的那样，即使圭恰迪尼也是如此，更不用说马基雅维利了——他能将其科学地运用于治国术。在他的观点中，也有一种侧面的暗示，即"历史哲学"作为实在或"个体性"的一种类型，与我们最好的现代历史学家所说的历史相比，是某种本质上不同的东西，并且间接提到了黑格尔的历史哲学。犹如，黑格尔在描述罗马世界、西庇阿斯（Scipios）的作品、西塞罗的著作或恺撒的性格时所使用的材料，与蒙森（Mommsen）、格罗特（Grote）或瑟尔沃尔（Thirlwall）对罗马或希腊事件的特征描述，涉及一种在本质上不同的经验或实在形式。在每个人所利用的普遍性中，可能存在一些

① *Individuality and Value*, pp. 78-79.

个人洞察力上的差异，但思想结构在其中具有同样无限的要素。即使黑格尔的普遍性也不完全是绝对者的普遍性，鲍桑葵先生也不可能有权利把思想作为绝对者的完整说明书和一种"人为的"建构。鲍桑葵先生的思想对绝对者的刻画，比之布拉德利先生所述绝对者的正面特征还要明显。

但对于一个黑格尔主义者来说，这些叙述还不够显著。黑格尔说："历史是世界精神的合理性的必然过程。"黑格尔的这个观点与这样一个事实有本质上的联系，即从整体上看，历史生产过程是对人类生活持续的和越来越完整的揭示。我们现在甚至比罗马人、希腊人或希伯来人更清楚罗马帝国、希腊和希伯来历史对人类生活的意义与价值。我们现在可以比克伦威尔（Cromwell）、俾斯麦（Bismarck）或皮尔（Peel）的同时代人更好地评价他们的工作，而这个进程还在持续。历史的每一新篇章都为我们概念的完善做出了一些贡献。这并不在于历史学家在多大程度上改变了他们的观点。格罗特与瑟尔沃尔的观点不同，费列罗（Ferrero）与蒙森的观点不同，但他们只能互相补充。过去的本质性真理和意义有一种稳定的演变过程。

对我们来说，人的行为中的很多东西是没有关联的。在这其中存在着一种与自然界中一样低程度的经验偶然形式，但这种看法往往会在任何对历史具有深度的观点中消失殆尽。心灵在此学会了穿透和澄清，因此，曾经看起来"不可估量的偶然性"被纳入理性的运动中。麦考利（Macaulay）是如何将英国历史的事实呈现在我们眼前的呢？他很大程度上是通过辉格党历史学家的普遍观点，并且在知识和表达能力的支持下，他可以做很多事情赋予细节以相关性。这可能不是最深刻的，但它比吉本（Gibbon）关于阿提拉和阿奎莱亚的鹳鸟（stork at Aquileia）的论述更为深刻，因为吉本说法的普遍性并不比偶然性本身好多少。而卡莱尔是如何让克伦威尔生命中的一封信、其中的每一个句子，成为那个时代生活和思想运动的一部分；或者把他掌握的任何事实碎片，如杜埃的梅林（Merlin of Douai）的宣言，海军上将（Citoyen Amiral）的感慨……任何东西，都看作照亮了革命中的巴黎街道和那里如漩涡般涌动的事物。这是一种艺术？是的，这里存在着足以称作艺术的东西，它甚至完全就是艺术。鲍桑葵先生就像特纳（Turner）让晨光触摸苜蓿花的尖顶一样，但这很可能是对调色刀上一个意外斑点进行的灵感转化。可实际并非如此，卡莱尔的作品并不仅仅是画作，思想的载体不仅仅是逻辑表述，还有内容和韵律的要素，这些使衣裳发亮，也给人以超越部分的整体感。它有能力在行动中揭示出具有无限深度的意图，将所有事件置入一个理性的运动中，使它们在事物中占据它们不可避免的位置。偶然性被纳入其中，并且过渡到一个更高的形式中。卡莱尔的普遍性比任何乐观主义的或悲观主义的、任何保守或激进的生活理论都要深刻得多。它甚至可能比凯尔德对它的看法更深刻：凯尔德认为它是通过位于世界历史中的道德必然性而对事件的终极揭示，尽管这确实表达出了它之中最具自觉的东西。在此，将偶然性提升到理性观点的可能性意味着，正如黑格尔所说："普遍性原则蕴含在历史现象中并且通过行动者的作为实现自身，而这些行动者仍没有意识到他们正在实现的目的。"但是我认为，在那之中总有一些伟大或重要的东西在涌动，如同恺撒的凯旋门（Caesarem portas）一般。无论如何，这种倾向或目的在这个过程中越来越清晰地显示出来。这里面有一种绝对者的要素在运作；这是它对我们启示的最为明显的形式，无论你如何揭示它。思想在这里从其世界的总体中给出了在联系中的一切，但这种必然性并不是指以机械论的方式看待自然，而是思维或精神本身自我演化的必然性，是它选择其路径以进行演化的原则。我们看到它在"第8或9世纪希腊殖民地的领袖与基督教的建立"之间建立了联系。但是，我们必须坚持认为，基督教本来就是从思维或精神中诞生的，尽管它的"空间—时间性"的形式对我们显现为拉丁文或伊特鲁里亚文（Etruscan）的《新约》，而不是希腊文。在这个领域，个体的能动性与精神的法则并不相称。在历史中，我们能够比在别的领域更明确地看到无限者是如何内在于有限者的。一个不能够将这些事情看作一种经验的具体形式、一种"真实经验"的哲学体系，是与人类的最高本能相抵触的。

至于个别历史学家与其作品是"连续事件的可疑故事"，正如鲍桑葵先生所刻画的那样，这种观点的意义并不比刘易斯（Lewes）先生将哲学史看作一系列可疑且对立的学说好多少。在一方与另一方中，整体的本质都稳定地展开自身。在阅读"具体的普遍性"这章时，人们会认为历史所展现的终极价值并不比柏拉图和亚里士多德的时代更多。柏拉图是最伟大的人之一。但是在经验的丰富性层面仍存在一种进步，这种进步能够演化出新的普遍性。对于《伊翁》（*Ion*）对话录，歌德很少认为这篇对话录是足够深刻的，它只是关于这个主题的首个阐述，而不是最后

一个；它也不是老本尼迪克特的想象（imaginatio），在他眼前，主
要存在的是奇幻的希伯来故事。我们很难意识到在哲学家、诗
人和历史学家的"经验"本性中有什么终极的差异，而只有辩证
法显露程度的不同，特别是在那些宏大的本体论和伦理断言中。
但即使在哲学家那里，也存在一种隐蔽的辩证法，它并没有完
全显露自身。这种显露所带来的严格一致性具有重大价值，它
所引领的道路能够让心灵看到更多事物之中的联系；但这也是
要付出代价的。至于内容方面，往往是表面所显现的与实际的
情况更加不同。我想，人们可以从勃朗宁那里摘取出布拉德利
先生关于实在和想象所说的所有内容；但这也不是一定的，或
者斯宾诺莎对同情感的处理会比华兹华斯的处理更有价值。在
鲍桑葵先生对实在程度之原则的运用中确实存在着某种缺陷。

　　我知道，凯尔德的形式理论认为，诗歌的功能在于"为其自
身而进行纯粹的表达"。这是他身上 18 世纪理性主义和康德式
分离分析的痕迹之一，并且这点还得到了圣伯雷和伦敦学术圈
的支持。但他前不久才把它称为他的理论，而且是用很坚定的
语言说的，然后他就开始撤回它，对其进行修改和定义，直到
他给出恰恰相反的立场，即他认为，诗人之名只能给予"能够表
达人类生活中最广泛和最深刻旨趣的人；不仅如此，只能给予
支持人类的进步运动，并且能够向我们揭示以往没有接触过的
情感的新来源的人"。你们可以在他关于华兹华斯的文章中读到
这一切。① 这是一个例子，就像在他对康德的考察中的许多例子
一样，"为更高的观点指明了道路"。可是，凯尔德做得更多，

---

① *Literature and Philosophy*, p. 153.

他以充分的意识在同一时期达到了更高的立场。我认为，只有在美学领域，才会存在一些洞察力或感受力上的限制，这些限制能够在这样的悖论中显现出来。他最好的形式逻辑在此阐述道，"形式是诗歌中占据首要地位的东西"，而他完善的整个本性认为，"对生活的解释是诗歌的主要内容"，并且尽管他在他的哲学中经常处理"那首要东西"的抽象问题，但他在这里把这两个方面抽象地对立起来。他很清楚这一点，但他的美学理论在这种情况下无法解决形式与内容的问题。它建立在诗歌中的直接事实和哲学中的深层实在之间的对立上，并且，这一次他看到"差异"更甚于统一。在他关于歌德的文章中也存在同样的悖论。他首先把诗歌的材料描绘为直接实在或现象，否认它有权利成为对生活的批判，然后继续表明歌德的诗歌为何是我们拥有的最完美的生活批判。在关于华兹华斯的文章中，他把马修·阿诺德（这个领域的大师）的著名句子——"诗歌是对生活的批判"丢在一旁，认为其意义不过是"玫瑰中有道德"，然后他继续从与阿诺德相同的观点出发描绘诗歌的价值。也就是说，他选择"批判"这个词非常特殊的含义，即在哲学上努力用事物的深层实在反对它们的表面现象。在阅读哲学家对文学家作品的批判时，经常存在一个困扰着我的偶像洞穴：在陈述方式上有些轻微逻辑缺陷，在一个词中的一些艺术性拓展或浓缩性意义（如在阿诺德的句子中），一些富有想象力的表达形式，并没有直接指明它在思想体系中的精确位置；这些东西对哲学家来说，似乎会掩盖我称之为文学表达中的真正丰富的思想和真理。毫无疑问，思想的意义依赖于逻辑的表达，但我们也很容易看到，一方面，即使是像卢梭或罗斯金这样的作家的不完美表述，也比逻辑学家对它们的批判包含着更深刻和更具价值的真理。另一方面，确实很少有文学家对他们时代的形而上学给予关注，或者对以哲学为中心的思想的基本阐明有任何明确的观点。这里存在一种相当愚蠢的争论，它是哲人与诗人之争的一个实际的现代形式。

看凯尔德是如何不可避免地偏离一种关于诗歌的形式理论——而他并没有拒绝这种理论——是非常富有教益性的。文学，他所阅读的精选文学作品，在他的生活中是一件非常重要的事情。他在美学方面的鉴赏，即他所声称的"首要事情"，是真诚的，但我认为这是有限的，仅限于传统的经典范围而没有充分的品位，不过其在思想方面是深刻的，而且在根本上与他对历史进程的观点有关，他认为历史进程给予了精神价值最好的保障。他关于文学的文章，对但丁、歌德、华兹华斯、卢梭和卡莱尔等人的阐述，正如他后来关于宗教和神学发展史的作品一样，都代表了他试图有效表达这一观点的方式。

凯尔德的最后一卷书(《神学的演进》，第二卷)是他工作的恰当体现。他总是在思考一个问题，即如何将上帝思考为向人类和在自然中显示自身的问题，这是他思想的主旋律。他通过非常具有特点的对上帝概念的历史批判来处理这个问题，将其看作在希腊、犹太和现代思想的过程中为现代意识而发展自身。因为尽管该书在形式上被限制在希腊哲学时期，而现代的解决方案，如斯宾诺莎和德国唯心论，只在相关的联系中被加以处理，并且在古老的历史争辩的名义下，但当代理论经常在没有任何直接指明的情况下被提及和批评。这种处理方式的特点是回避论辩和回避对当前观点的耸人听闻的挑战。他在此没有试图以这种方式来赢得人们对该主题的兴趣；相反，一个漠不关心的读者可能会认为，这只是普通的学术专题汇报，其中涉及过时的早期争论，如关于斐洛（Philo）的逻各斯学说或灵知主义的德穆革的争论。但在这些古代的主题下，凯尔德正在讨论的是对他而言问题中的问题。他在古希腊哲学中学到的东西都被发挥出来，以表明从阿那克萨戈拉（Anaxagoras）以降所给出的对难题的各种解决方案是如何辩证地导致或涉及关于绝对者的一个充分概念，即将绝对者看作在世界的所有差异性中实现自身的自我启示的精神。这是对在历史发展中的上帝观念的辩证必然性的阐述，并且，由于这是完全从他自己对宇宙中最高统一性的观点出发，是以一种探索的自由和信念的热诚来完成的，这与一般的历史阐述极为不同。因此，他为神秘的普罗提诺所花的篇幅，和他在其哲学中所发现的乐趣，不仅因为其哲学提供了对一种超越和不可知的绝对者的观念进行批判的机会，而且因为那与犹太人关于不可接近的上帝概念联系在一起，这帮助教会确定了这样的教条，即至高存在通过基督及其他外在中介形式向人显示自身。那是对自我启示的绝对者的不完满的二元论解释。于是，普罗提诺从他超越的统一性中找到的"向下方式"以及实在的尺度，被批评为虚构的，并且遮蔽了上帝与人和自然之间内在联系的真正价值。新柏拉图主义者的精神狂喜中的"神秘在场"被认为是宗教意识中的一个真理，但不是知识之外的真理，不是对理智的否定，而仅仅是对更深层统一性的实现，这种统一性"超越了任何言语形式"。在此，适当地被理解的宗教意识，只是一般关于事物的意识的一种形式，一种自我、世界和上帝结合在一起的意识。也就是说，神圣的要素在宇宙中到处都是价值的形式，并在思维或精神中采取了可认知的形式，尽管人类的心灵由于他的亲密关系和动物生命的需求而变得迟钝，但这些也具有其存在的权利。

由此，凯尔德的教诲结束了，正如它开始于努力表明对绝对者的意识是被有机地包含在有限者的意识中，而哲学思想的演变可被看作辩证地通向这一结论的过程。从整体上看，这是一种关于自然启示之完满性的学说，这种启示正在进行，正如莱辛所界定的那样①，启示发生在每一个个体身上。凯尔德在其最后著作中使用的方法，也是他从一开始就采纳的方法。他避免直接进行建构，并且将其观点看作一种对历史体系的补充或批判。正是这样一种方法，他可以通过它，在避免正式进入当代争论的情况下表达他的那些见解，或者也许，他能借此比他真诚地去解释那些见解更好地解释它们。

---

① *Die Erziehung des Menschengeschlechts.*

译后记

本著作《谢林先验唯心论的批判性阐释》属于 19 世纪末由乔治·S. 莫里斯(George S. Morris)主编的"为英文读者和学生准备的德国哲学经典系列丛书"中的一种。作者为约翰·华特生,他是当时加拿大皇后大学(Queen's University)心灵哲学和道德哲学的教授。

虽然这本著作年代久远,但是它对谢林《先验唯心论体系》问题域的由来、基本内容,以及谢林哲学在这部著作之后的后续发展都做了清晰的介绍。《先验唯心论体系》这本书早在 20 世纪 70 年代就已经由梁志学和石泉两位先生翻译出版,但对该著作的专门研究仍十分缺乏,所以,翻译这部导论性质的著作的初衷,是填补国内学界对《先验唯心论体系》这部重要著作的研究空白。

该著作在叙述《先验唯心论体系》之前,首先在第一、二、三章分别简述了康德的批判哲学、费希特的早期哲学和谢林哲学在《先验唯心论体系》之前的发展,这些叙述对我们把握《先验唯心论体系》所处理的问题有所助益,作者接着在第四、五、六、七章分别阐述了《先验唯心论体系》的问题域与方法、理论哲学部分、实践哲学部分和目的论与艺术部分,这是这部著作的主干,读者可以以这部分的阐述为指引阅读《先验唯心论体系》。最后作者在第八、九章粗略地讲述了谢林哲学在《先验唯心论体系》之后的发展，即同一哲学和以 1809 年《论人类自由的本质及相关对象》为始的中后期哲学，并在第十章对谢林哲学总体做了简短的回顾和评论。遗憾的是，受这本著作出版的年代限制，以及作者所持的黑格尔主义立场，后面几章对谢林哲学的阐述并不能反映谢林在《先验唯心论体系》之后哲学发展的真意。对谢林中后期哲学的深入研究，可参看先刚教授的《永恒与时间——谢林哲学研究》，以及新近出版的瓦尔特·舒尔茨《德国观念论的终结——谢林晚期哲学研究》。谢林哲学的全貌还望诸方家共同发掘。我们也附上了一篇对华特生所属的英国观念论做整体性介绍的文章，对这一思想流派不熟悉的读者可以对其有一个大致的了解。

　　本书的翻译由武汉大学哲学学院的解清钰完成，整部译稿由山东大学哲学与社会发展学院的王丁老师校订。

译者

图书在版编目(CIP)数据

谢林先验唯心论的批判性阐释 /(英)约翰·华特生著;解清钰译. — 北京:商务印书馆,2023
ISBN 978-7-100-22758-2

Ⅰ. ①谢… Ⅱ. ①约… ②解… Ⅲ. ①谢林
(Schelling, Friedrich Wilhelm Joseph von 1775-1854)—
先验论—研究 Ⅳ. ①B516.34

中国国家版本馆CIP数据核字(2023)第136542号

谢林先验唯心论的批判性阐释
〔英〕约翰·华特生 著
解清钰 译

商 务 印 书 馆 出 版
(北京王府井大街36号 邮政编码100710)
商 务 印 书 馆 发 行
南京新洲印刷有限公司印刷
ISBN 978-7-100-22758-2

2023年12月第1版 开本 889×1194 1/32
2023年12月第1次印刷 印张 6$\frac{1}{2}$

定价:36.00元